소곤소곤 정겨운

옛 바느질
이야기

김은경 · 박인자

교학연구사

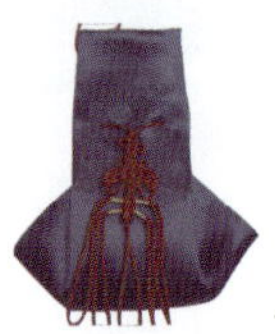

감사의 글

각양각색의 자투리천들이 모여 멋진 조각보로 탄생되듯 각기 다른 우리네 삶들도 함께 어우러져 조화를 이루기를 바라는 마음으로....

매서운 겨울 바람이 몰아치던 겨울 어느 날.

신문에서 공예문화상품을 소개한 글을 읽은 적이 있다. 소개된 공예 상품 중 규방공예 소품들을 보면서 그 고운 바느질선과 화려한 색감의 조화로움에 눈을 뗄 수 없었다. 이토록 아름다운 우리 전통 공예품들이 현대인들에게 점점 잊혀져가고 있는 현실이 매우 안타까웠다. 한국보다는 오히려 일본에서 우리의 규방공예품 특히 조각보가 유명하고 김치 보다는 기무치가 세계화에 앞장서 있는게 현실이다.

아득한 어린시절 베갯모에 놓여있는 아름다운 꽃들과 신비로운 동물문양의 자수들을 들여다보며 상상의 나래를 펴기도 했고, 베갯모를 장식하고 있는 수없이 많은 잣씨들을 세어가며 잠이 들던 추억이 있다.

사람에게는 과거 회귀 본능이 있나보다. 미래를 개척해 나가야 하는 반면에 옛것에 대한 아련한 추억 또한 지워버릴 수 없다. 한류의 열풍 속에서 한식의 세계화와 더불어 한국전통의 규방공예품에 대한 관심이 높아지고 있다.

퀼트 관련서적은 시중에 범람하는 반면 규방공예 관련서적은 턱없이 부족하다. 이러한 현상은 대중들이 쉽게 규방공예를 접하기 힘든 원인이기도 하다.

일본에서 활동하고 있는 몇몇 한국작가들에 의해 출판된 서적들이 역수입되어 한국에서 고가에 판매되고 있는 실정이다. 따라서 부족함이 많음에도 불구하고 규방공예를 좀 더 쉽고 생활 속에서 즐길 수 있게 되기를 바라는 마음으로 이 책을 출간하게 되었다.

본서는 생활 속에서 응용할 수 있는 규방소품들을 중심으로 초보자들이 쉽게 따라 할 수 있도록 사진과 함께 자세한 설명을 하였다. 또한 바로 활용할 수 있는 실물본도 첨부하였다. 부족한 부분은 앞으로 계속 수정 · 보완해 나가야 할 것이다.

규방공예 작업이 전통 규방문화를 계승하는 것에 그치지 않고 가장 한국적이면서 세계인들의 호기심을 자극할 수 있는 공예문화 상품으로 발전되길 기대한다.

조각보의 아름다움과 전통문화의 소중함을 알게 해주신 김 미숙 선생님과, 함께 규방공예 활동을 하고 있는 동료들, 그리고 언제나 한결같은 마음으로 칭찬과 격려를 아끼지 않는 가족에게 감사의 마음을 전한다.

2011. 겨울…

차 례

제 1 장 규방공예에 필요한 도구

제 2 장 규방공예 기본 바느질

제 3 장 규방 소품 만들기

부　　록

들어가면서

느림의 미학 – 바느질 이야기

조선시대 여인들은 폐쇄적인 생활공간인 규방에 모여 바느질을 통해 가족들의 건강과 복을 기원함과 동시에 자신들의 솜씨와 예술적 감각을 표현하였다. 또한 여인들만이 출입할 수 있는 규방은 바깥세상의 소식을 들을 수 있는 유일한 소통의 공간이었다. 생활이 궁핍한 여인네들은 희미한 호롱불 아래서 바느질을 하며 고단한 삶의 애환을 풀어내었으며, 부잣집 여인네들은 가문의 부귀와 명예를 과시하는 작품을 만들어 후손들에게 물려주었다.

옷감이 부족한 시절 한복을 만들고 남은 자투리 천들을 모아 예술작품으로 승화시킨 그들의 지혜와 창조성은 현대의 후손들이 본받아야 할 귀중한 정신적 유산임에 틀림없다.

간혹 우리 전통의 조각보는 서양의 퀼트나 패치워크와 비교가 되기도 하는데, 퀼트는 두 장의 천 사이에 솜을 넣고 누비는 형태로 우리 전통 누비의 한 갈래일 뿐이며, 비단이나 모시 등으로 제작된 조각보의 기품있는 아름다움은 소박하고 서민적인 퀼트와 분명 차이가 있다.

퀼트나 패치워크와 같은 서양문화가 우리의 생활 깊숙히 자리잡고 있고, 쉽게 접할 수 있는 반면 우리의 전통 규방문화는

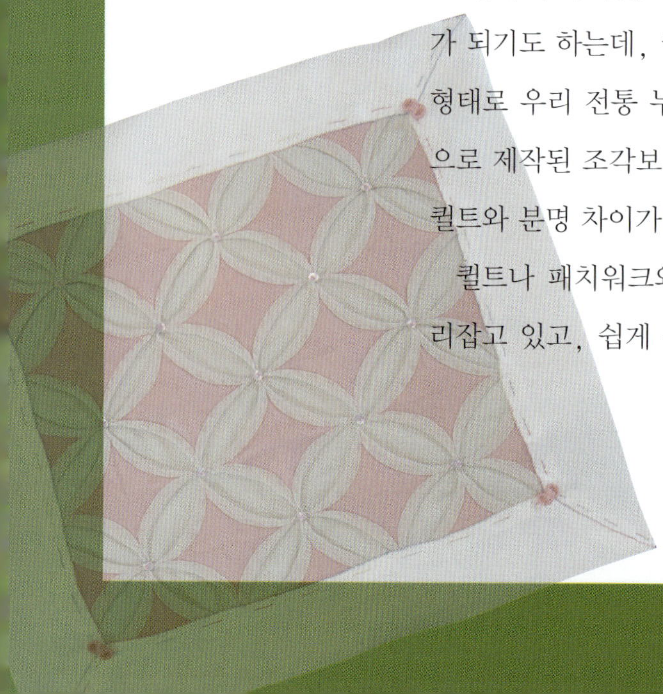

현대인들의 기억속에서 점점 멀어져가고 있다. 따라서 전통 규방문화를 현대화하여 경쟁력 있는 공예 문화 상품으로 발전시키기 위하여 후손들의 각별한 애정과 관심이 요구된다.

규방공예품은 한복, 자수, 보자기, 장신구 등으로 대표될 수 있는데 그 중에서도 본서에서는 새롭게 현대인들에게 주목받고 있는 보자기 중 조각보 그리고 주머니류와 노리개를 비롯한 각종 소품들에 대하여 살펴보겠다.

복을 기원하는 보자기

한국의 전통 보자기 특히, 조각보를 보면서 서양의 몬드리안이나 끌레의 조형성과 면의 분할, 형과 색채의 조화를 연상할 수 있는데, 우리의 전통 조각보는 이들의 작품보다 백여년이나 앞선 우리만의 독창적인 예술품으로서 대담하고 화사한 색채의 조화, 간결한 구성의 미 등은 생활 미술의 경지를 넘어 순수 미술로서의 예술성을 인정받고 있다.

쓸모없이 버려질 운명의 각양각색 자투리천들은 여인들의 손끝을 통해 예술적 가치가 뛰어난 조각보로 탄생되었다. 옷감이 부족하던 시절 남은 짜투리 천을 모아 탄생된 조각보는 서민들의 생활상을 엿볼 수 있는 것으로 궁보에서는 조각보를 발견할 수 없다. 보자기는 단순히 물건을 싸서 보관하거나 운반

하는 생활용구로서의 역할뿐만 아니라 예와 격식을 갖추어야 하는 의례용으로 재탄생 되었으며, 복을 비는 매개체로서 장롱 깊숙이 간직되었다가 가까운 이웃 또는 친지들에게 선물하거나 혼인하는 자녀에게 물려줌으로 복을 전달하는 의미를 지녔다고 할 수 있다. 또한 작은 조각 하나하나를 이어가는 행위는 장수에 대한 염원이 담겨있기도 하며 모시조각보와 같이 올이 성근 직물로 만든 조각보를 벽에 걸어 액운을 걸러낸다는 민간 신앙적인 염원과 함께 장식적인 효과도 겸했다 할 수 있다. 옛 여인들이 보자기에 수를 놓거나 직물 조각을 이어붙이면서 정성을 들이는 것은 복은 부른다는 재래 신앙에 바탕을 둔 것으로 이렇게 공을 들인 보자기는 예를 갖추어야 하는 혼례용이나 불교행사, 제례용으로 사용되었다.

조각보를 제작하는데 사용되는 실에 대해서도 주목할 필요가 있다. 바탕천과 같은 색상의 실을 사용하지 않고 오히려 바탕천과 대비되는 색상의 실을 사용함으로서 바늘땀을 더욱 선명히 나타낸다는 특징이 있다. 이러한 색상대비는 바늘땀이 단순히 천조각을 이어 붙이는 역할에 그치지 않고 하나의 독창적인 장식역할을 하고 있음을 알 수 있다.

조각보의 기하학적 패턴은 미리 의도되어진 것이라기 보다는 자투리 천의 모양새를 최대한 살리면서 전체적인 조화를 염두에 둔 것으로 옛 여인들의 생활속 예술적 감각을 엿볼수 있다. 조각보에 있어 여의주보를 제외하고는 원형의 패턴은 찾아보기 힘든데 이는 자투리를 이어가는 기술적인 문제로 여겨진다.

조각보에 주로 사용된 직물은 비단, 삼베, 모시와 얇은 사(紗)종류이다. 일반적으로 같은 종류끼리 조합하여 하나의 조각보를 제작하였는데 이는 세탁이나 관리의 편리성에 기인한 것으로 여겨진다. 보통 얇은 직물로는 홑보를 만들어 여름에 사용하고, 두꺼운 직물로는 겹보를 만들어 겨울에 주로 사용하였다.

전통 주머니

옛 주머니의 대표적인 형태는 주머니 둘레가 둥근 환형(丸形 ; 두루주머니 혹은 염낭), 양옆에 모가 나 있는 각형(角形 ; 귀주머니 혹은 줌치)의 2종류로 분류할 수 있다. 강원도 지방에는 이 두 주머니를 절충한 모양의 강릉주머니가 있는데, 입구부분은 귀주머니 형태를, 아랫부분은 두루주머니 형태를 이루고 있다. 선조들은 신분계급 남녀노소를 막론하고 모두 주머니를 애용하였는데 귀주머니는 주로 남자가 사용했고, 두루주머니는 여자가 애용했다.

주머니에 달았던 매듭과 술도 종류가 다양해서 귀주머니는 대체로 끈술에 오발창매듭을 장식했으며 약낭은 딸기술을 많이 달았고 두루주머니에는 봉술을 주로 달았다.

주머니를 간략하게 분류하면 아래와 같다.

형태에 따라 – 두루주머니, 귀주머니
장식에 따라 – 수주머니, 금박주머니, 민주머니 등
용도에 따라 – 향낭, 약낭, 수저집, 필낭, 안경집, 도장주머니 등
재료에 따라 – 갑사주머니, 숙고사주머니, 모본단주머니, 명주주머니, 양단주머니

등이 있다.

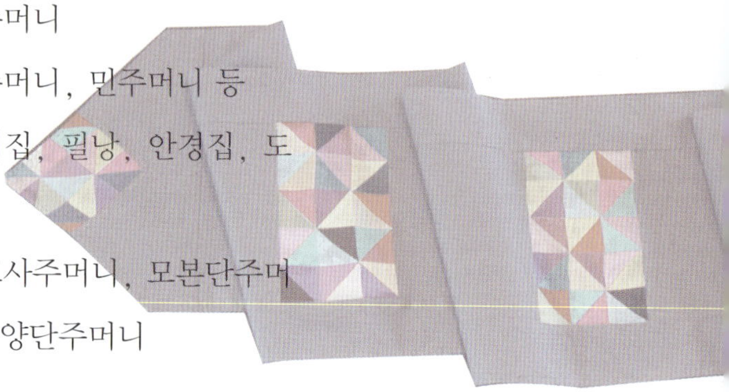

노리개

노리개는 여성들이 널리 애용한 장신구 중 하나로서 단조로운 한복에 다양한 색상과 값비싼 보석 등을 사용하여 화사하고 품위있는 아름다움을 더해주는 역할을 하였다. 귀걸이나 목걸이의 착용은 줄어든 대신 노리개는 여성들에게 한층 더 사랑을 받게 된 장신구라 할 수 있다.

노리개는 장식적인 효과뿐만 아니라 염원하는 소망을 이루고자하는 생활신앙의 매개체로서의 역할을 하였으며, 상류층에서는 값비싼 보석으로 만들어 후손에게 대대로 물려줌으로서 가풍을 전달하고 애정을 나타내는 소중한 역할을 하였다. 서민들은 보석을 대신하여 수노리개를 사용하였다. 수노리개에는 수향낭, 수바늘집, 괴불 등이 있다. 또한 서민들은 노리개를

구성하는 술 대신에 삭모를 달거나 색천을 달아서 사용하였다.

핵심 용어

박쥐장식 박쥐장식은 주로 빨강, 노랑, 파랑 등 원색을 사용하여 보자기에 포인트를 주는 장식적 역할은 물론, 겹보의 겉감과 뒷감이 비틀어 지지않게 고정하는 기능적인 역할도 하였다.

서양에서는 박쥐를 불길한 동물로 여겨 마귀, 악마, 암흑세계 등을 대표하지만, 우리나라에서는 오복을 가져다주는 동물로 여겨 전통공예품의 문양으로 많이 사용되었다. 특히 박쥐의 강한 번식력은 다산, 득남을 기원하는 옛 여인들의 염원을 담아 베갯모의 수 문양에 많이 사용되었다.

오방색 방색은 동양의 음양오행설에 기인한 것으로 자연계의 황색, 적색, 백색, 청색, 흑색을 말하며 오방정색이라고도 한다.

황색은 태양, 부귀를 상징하며 청색은 물, 식물, 발전적인 것, 적색은 따뜻함과 부귀, 흰색은 깨끗함과 순결, 검은색은 암울한 세계를 상징한다.

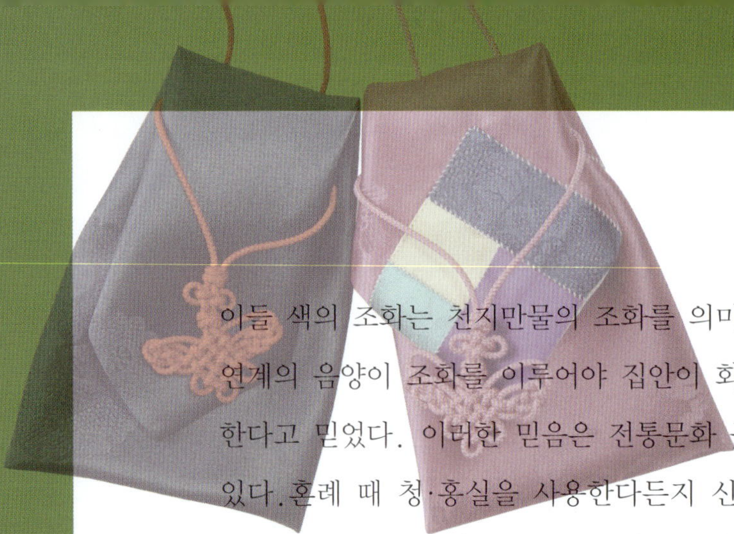

이들 색의 조화는 천지만물의 조화를 의미하며, 나아가 자연계의 음양이 조화를 이루어야 집안이 화평하고 무병장수한다고 믿었다. 이러한 믿음은 전통문화 곳곳에서 엿볼 수 있다.혼례 때 청·홍실을 사용한다든지 신부의 연지 곤지, 어린아이들의 색동저고리와 오방색 주머니, 명절 음식의 오색고명 등이 그 대표적 예이다.

괴불 괴불이란 오래된 연뿌리에 자생하는 식물로 벽사를 뜻한다.(벽사란 악귀를 물리친다는 의미) 또한, 무병장수를 의미하기도 하여 빨강 · 노랑 · 파랑으로 이루어진 한 쌍의 괴불 노리개를 만들어 아이들의 생일에 채워주었다고 한다. 비단으로 된 천에 다양한 무늬의 수를 놓기도 하였다.

여의주 여의주는 여의보주의 준말로 상상속의 동물인 용이 입에 물고 있는 구슬을 뜻한다. 전통적으로 이 구슬은 금은보화, 무병장수, 악귀를 물리치는 효험이 있다고 믿었다. 전통 조각보의 패턴은 삼각, 사각 등의 직선형이 주를 이루고 원형의 패턴은 드문 가운데 여의주보는 정형화된 조형미를 나타낸다. 또한 여의주 문양은 전통 가옥의 문살이나 성당의 창문에서도 볼 수 있는데 이는 동서양을 막론하고 성스러운 의미를 갖는 것으로 여겨진다.

열쇠패 개금패라고도 하는 열쇠패는 귀중한 물건을 넣어두는 장롱이나 곡식을 쌓아두는 광의 열쇠를 매다는 패이지만 본래의 용도보다는 장신구의 역할이 더 컸다. 조선시대 부유층에서는 열쇠 대신 오색의 천으로 엽전을 주렁주렁 엮어 매달거나 값비싼 물건으로 화려하게 치장하여 부귀와 복을 기원하였다. 반면 서민층에서는 소박하게 꾸며 빈부의 격차를 보이기도 하였다. 매듭이나 장식술, 괴불, 고추를 만들어 장식하기도 하였다. 특히 규수들의 혼수품목 중 하나였던 고추 열쇠패는 다산다남을 상징하기도 하였다.

제1장

규방공예에 필요한 도구

1 바느질 용구

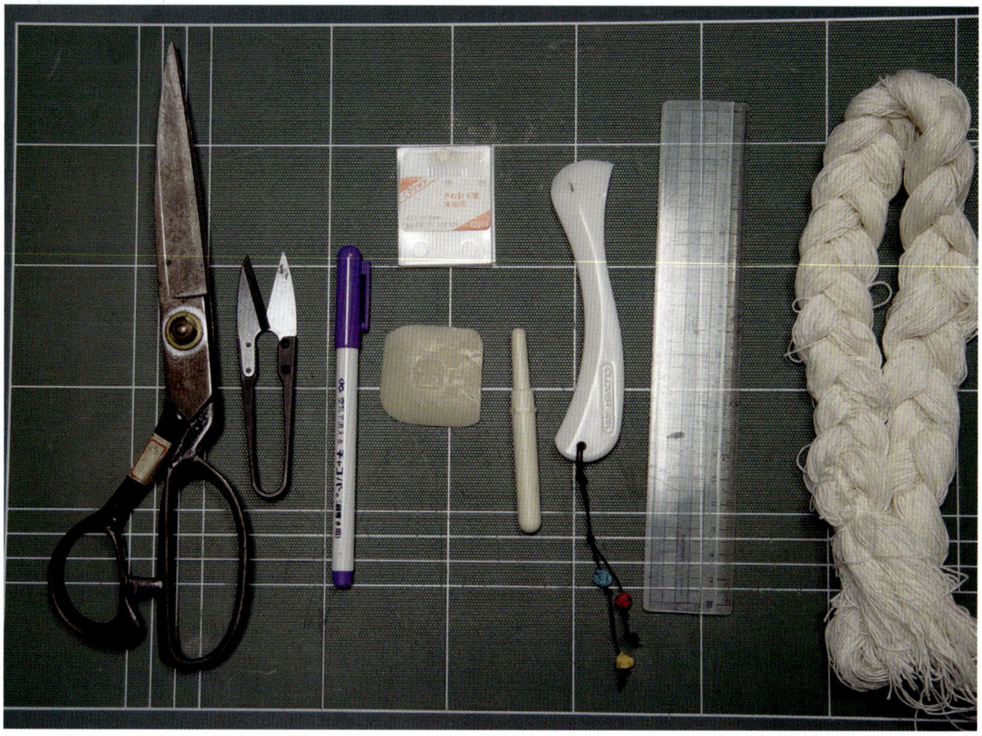

1. 커팅매트

조각보를 만들 때는 일정한 규격의 천이 여러 장 필요한데 이때 커팅매트를 깔고 커터칼(Rotary Cutter)을 사용하면 편리하다. 커팅매트를 사용하면 뼈인두로 시접선을 표시 할 때에도 천이 잘 밀리지 않아 정확하게 선을 표시할 수 있다.

2. 바늘

손바늘은 24개가 한 쌈이며 호수가 클수록 가늘다. 규방공예에는 주로 6~9호를 사용한다. 오래 사용하면 녹이 스는 경우가 생기므로 사용 후 반드시 바늘꽂이에 꽂아둔다.

3. 시침실

규방공예에 사용되는 천은 주로 견직물로 직물의 특성상 바느질할 때 잘 미끄러진다. 이 때에는 시침질을 미리 한 후 본 바느질을 하면 좀 더 완성도 높은 작품을 제작 할 수 있다.

4. 시침핀

규방공예에는 일반 시침핀보다 가늘고 긴 실크핀을 사용하는 것이 올뜯김 현상이나 핀 제거 후 구멍이 생기는 것을 줄일 수 있다.

5. 뼈인두

완성선을 표시 할 때 쵸크보다 뼈인두를 사용하면 시접이 잘 꺽여 다림질 하지 않아도 된다. 뼈인두는 헤라로도 불리운다.

6. 자

일정한 시접을 그릴 때는 치수별 시접이 표시되어 있는 시접자를 사용하면 편리하다. 투명 방안자를 20~50㎝ 길이별로 다양하게 갖추고 있으면 유용하게 사용할 수 있다.

7. 쵸크

완성선을 표시할 때 사용하며, 끝을 가늘게 해서 사용하여야 한다. 최근에는 끝이 가는 펜 형태로 물을 스프레이 하면 쉽게 지워지는 수성펜이 있어 매우 편리하다.

8. 쪽가위

실을 자르거나, 실밥정리 할 때 주로 사용한다.

9. 가위

여성의 경우는 240호 남성의 경우는 260호를 주로 사용한다. 반드시 천가위와 종이 가위를 별도로 준비해 사용하여야 한다. 천가위로 종이를 자를 경우 칼날이 쉽게 무뎌져 사용할 수 없게 된다.

10. 실

천의 종류에 따라 사용하는 실도 견사, 면사 등을 사용한다. 견직물에는 견사를 사용하고 무명이나 삼베, 모시 등에는 면사를 사용하는 것이 더 효율적이다. 견사는 실의 굵기에 따라 분류되는데 명주실, 지누사, 아나이도사 등이 있으며 감칠질이나 홈질 등 일반 바느질에는 명주실을 사용하고 사뜨기나 상침등 장식용은 지누사나 아나이도사를 사용한다.

11. 실뜯개

리퍼라고도 하며 바느질이 잘못 되었을 때 사용하기 편리하다.

2 원 단

전통적으로 규방공예에 주로 사용되는 원단은 견직물이며, 소박한 서민들은 면직물 또는 삼베를 사용하였다. 원단의 종류와 표면의 광택, 질감, 무늬에 따라 작품의 이미지와 개성이 달라지며 현대에는 기능성과 용도, 염색방법에 따라 다양한 응용작품을 만들 수 있다.

1. 면직물

목화솜을 원료로 제직한 원단을 통틀어 면직물이라 한다.

(1) 무명

베틀을 이용해 짜낸 직물로 폭이 좁고 올이 성글다. 근래에는 손으로 짜는 재래식 무명보다는 공장에서 대량 생산되는 기계식 무명이 대부분이다.

(2) 옥양목

자동화된 직기에서 평직으로 제직한 직물로 폭이 넓고 대량생산이 가능하다. 실의 굵기를 나타내는 번수는 수가 높을수록 가늘며 60수가 가장 얇고 촉감이 부드럽다.

(3) 광목

무명과 달리 방직기계로 제직되어 폭이 넓어

광목이라 한다. 예전에는 속옷, 버선 등의 실용적인 용도로 사용되었다. 세탁이나 관리가 편리하고 사용할수록 자연스러운 백색이 되어 현대에는 다양한 생활 소품에 애용되고 있다.

2. 마직물

식물의 줄기에서 얻어지는 섬유로 모시와 삼베, 린넨 등이 대표적이다.

마직물은 물세탁이 가능하고 건조가 빨라 여름용 의복이나 소품 등에 주로 사용된다. 하지만 구김이 잘 가는 단점이 있는데 현대에는 합성섬유와 혼방하거나 방추가공(주름방지 가공)을 하여 이러한 단점을 개선하고 있다.

(1) 모시

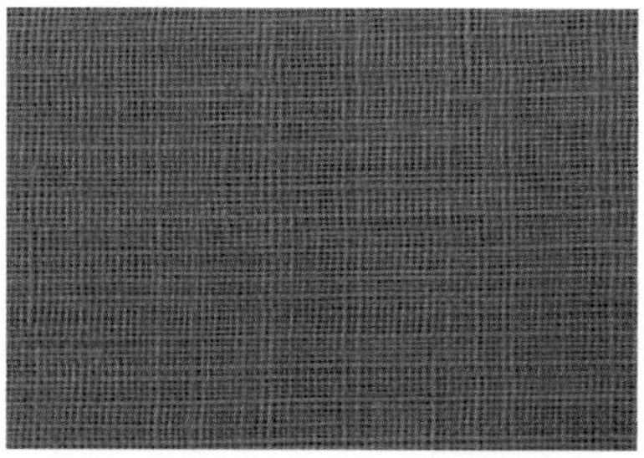

저마(ramie)라고도 한다. 모시섬유는 정련, 표백에 의해 견과 같은 광택을 얻을 수 있어 여름철 고급 옷감으로 사용된다. 한산지역에서 생산되는 한산모시가 품질이 가장 우수하며 견과 같은 광택이 난다.

(2) 삼베

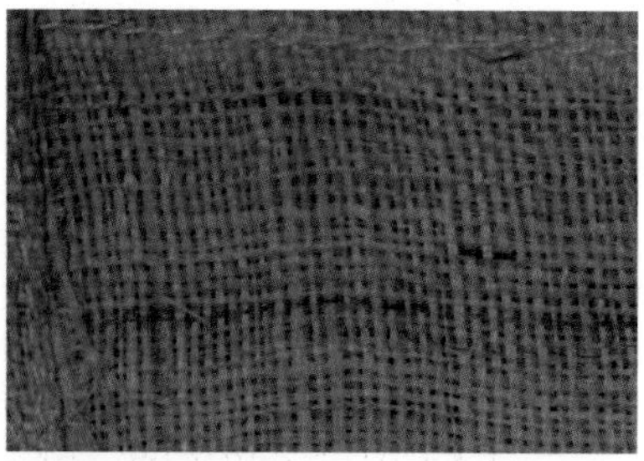

대마라고도 하며, 안동지역에서 생산되는 안동포가 유명하다. 모시에 비해 거칠고 뻣뻣하여 상복이나 수의 등으로 많이 이용되고 있다.

(3) 린넨

린넨은 면이 널리 사용되기 이전부터 가정용 직물이나 실용적인 용도로 널리 사용되어왔다.

3. 견직물

고대 중국의 황제들은 아주 섬세하고 부드러우며 색상이 화려하면서도 쾌적한 의복을 착용하였는데 이것이 견직물이었다고 한다. 견직물은 누에고치에서 얻은 실로 짠 직물로 실크라고도 한다. '섬유의 여왕'이라 불리울 정도로 아름답고 우아한 광택을 가지고 있으며 촉감이 부드러워 고급직물에 속하며 가격도 비싼편이다. 견직물은 누에의 품종이나 제직방식에 따라 다양한 종류가 있다.

(1) 주

씨실과 날실이 한 올씩 교차되어 평직으로 짜여진 견직물이다.

❶ 명주

누에고치에서 뽑은 생사로 짠 평직의 견직물이다. 정련하지 않은 생명주는 깔깔하고 시원한 느낌이 있어 여름용 옷감에 사용되며, 정련한 명주는 부드럽고 가벼워서 고급옷감으로 사용된다.

❷ 노방주

흔히 한복의 안감으로 사용되며 얇고 비치는 직물로 흔히 노방 또는 주아사 라고 부른다.

(2) 단

흔히 비단이라 부르는 것이 바로 이 단류의 직물이다.

천의 표면이 부드럽고 매끈하며 광택이 우수하여 단을 사용한 작품은 고급스러운 느낌이 난다.

❶ 양단

주자직으로 짠 직물로 표면이 매끈하고 광택이 우아하다. 표면에 무늬가 있는 것이 특징이며 무늬에 따라 모본단, 운문단, 연화문단 등 다양한 명칭으로 분류된다.

❷ 공단

주자직으로 제직된 무늬없는 견직물이다.

(3) 사(紗)

사는 꼬임이 많은 실로 얇고 가볍게 제직한 직물로 여름철 한복감으로 사용된다.

❶ 갑사

얇고 성긴 옷감으로 겨울을 제외하고 널리 사용된다. 무늬에 따라 다양한 명칭으로 불리운다.

❷ 옥사

쌍고치(두 마리 이상의 누에가 하나의 고치를 만든 것)로부터 얻은 견사로 짠 직물로 굵기가 불균일하고 광택이 은은하여 소박하고 부드러운 느낌을 얻을 수 있다.

❸ 숙고사

명주를 잿물에 정련하여 희고 부드럽게 한 후 제직한 옷감으로 질감이 부드럽고 섬세하다.

제2장
규방공예 기본 바느질

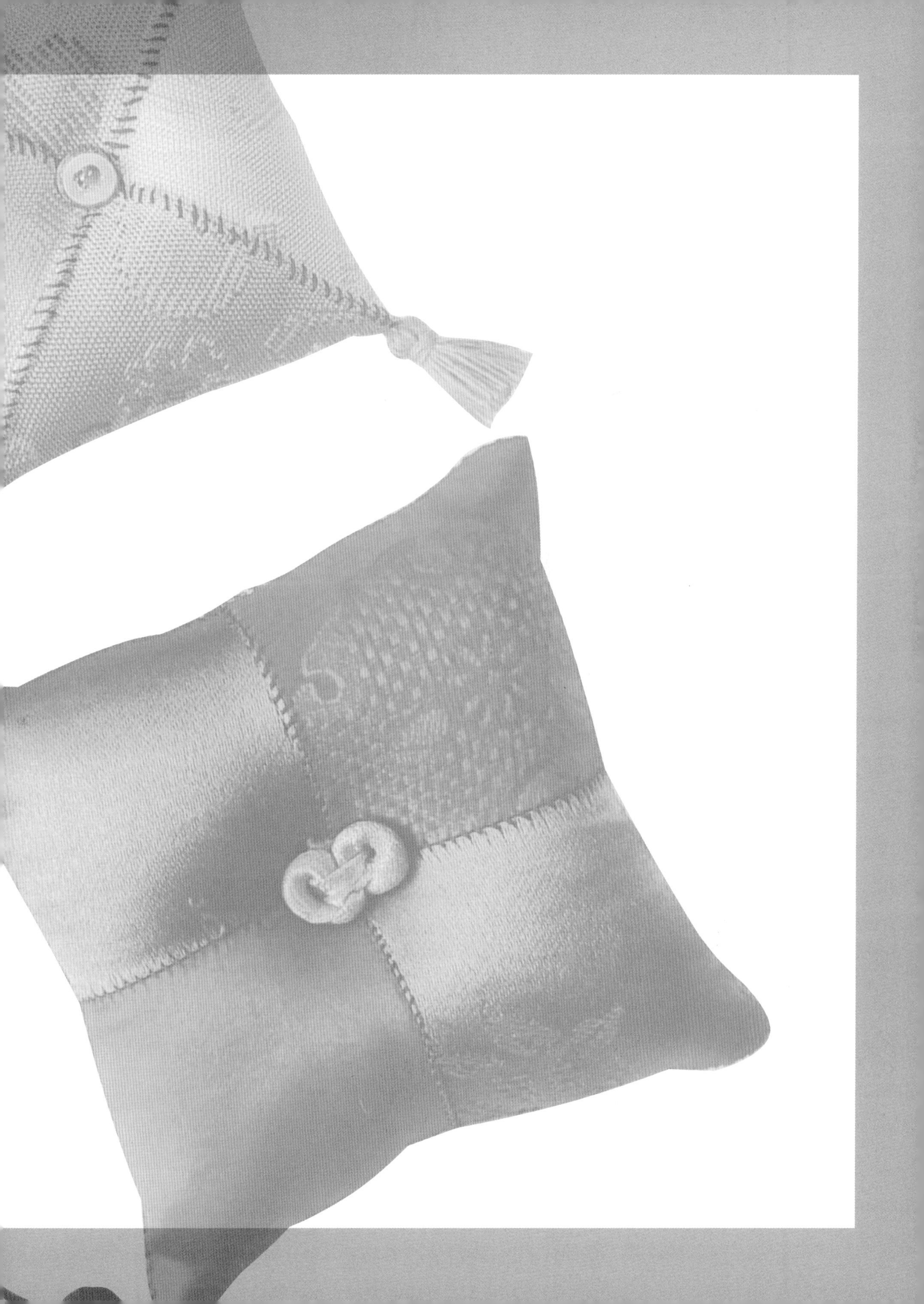

1 기본 손바느질 법

1. 바늘 매듭짓기

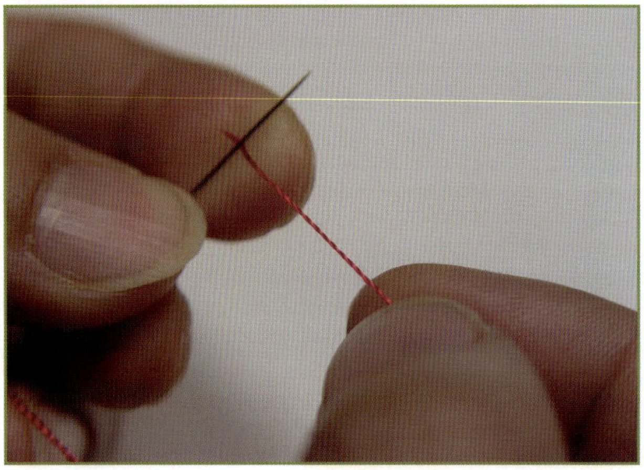

❶ 실 끝부분에 바늘을 십자로 올려놓는다.

❷ 실을 바늘 끝에 두 번 감는다. 이때 실 감는 횟수에 따라 매듭의 크기가 달라지므로 천의 두께에 맞게 가감한다.

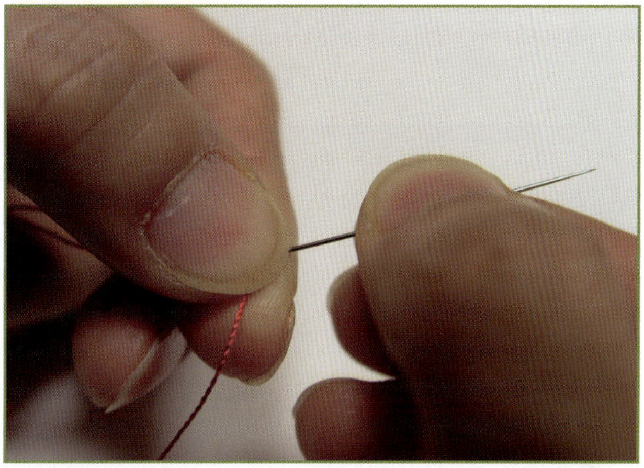

❸ 왼손 엄지와 검지 손가락으로 실 감은 부분을 잡고 바늘을 끝까지 위로 뺀다.

2. 끝맺음 하기

❶ 왼손 엄지와 검지 손가락으로 실 감은 부분을 잡고 바늘을 끝까지 위로 뺀다.

❷ 왼손 엄지와 검지 손가락으로 실 감은 부분을 잡고 바늘을 끝까지 위로 뺀다.

3. 홈질(Running Stitch)

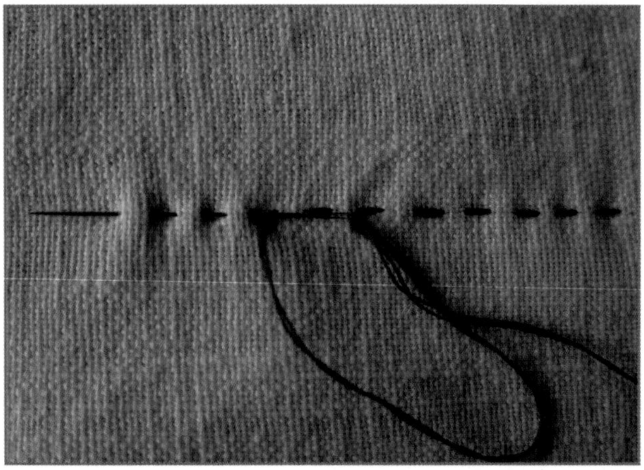

가장 기본적인 바느질로서 땀의 크기와 간격이 일정하도록 주의해서 바느질한다.

4. 박음질(Back stitch)

바늘땀을 뒤로 돌려 한 땀 뜨는 것으로 손바느질 중 가장 튼튼한 바느질 방법이다. 바느질 간격에 따라 온박음질과 반박음질이 있다.

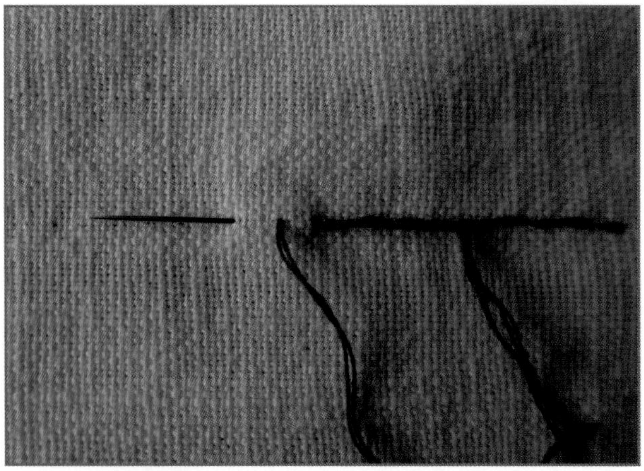

❶ 온박음질 (Even Back Stitch)

온박음질은 바늘땀을 한 땀 분량만큼 완전히 뒤로 되돌려 뜨는 것이다.

❷ **반박음질**
(Half Back Stitch)

바늘땀을 반 땀만큼 뒤로 되돌려 뜨는 것이다.

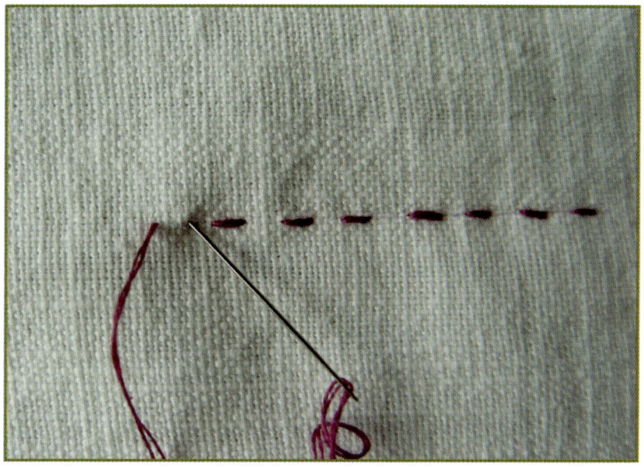

5. 감침질(Hemming Stitch)

조각보 만들때 가장 많이 사용하는 바느질 방법으로 바늘땀의 간격은 1㎜로 하는 것이 좋다.

6. 공그르기(Slip Stitch)

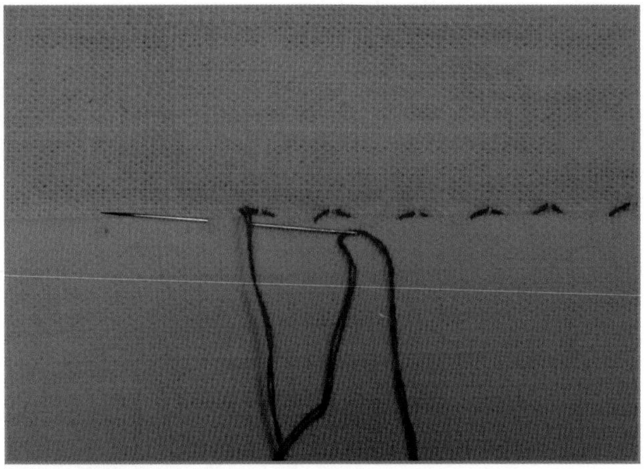

보통 단을 처리할 때 또는 창구멍 등을 막을 때 사용한다.

7. 상침질

주로 장식용으로 사용하며 박음질 방법과 유사하나 겉모양은 다르다. 바늘땀의 횟수에 따라 한 땀 상침, 두 땀 상침, 세 땀 상침이 있다.

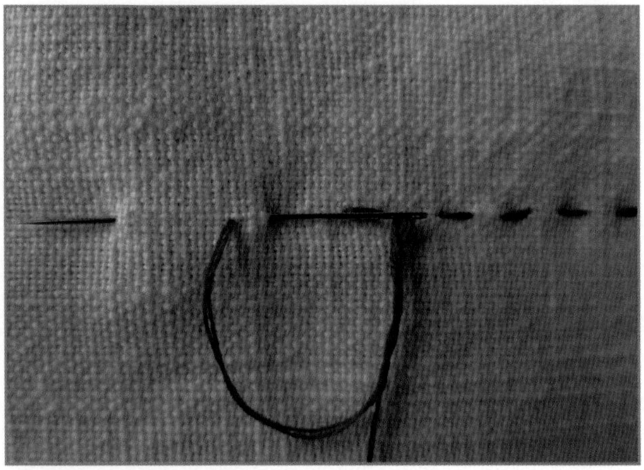

❶ 한땀 상침

❷ 두땀 상침

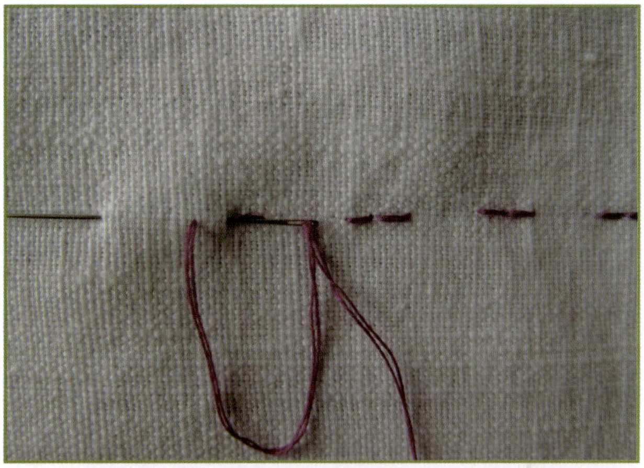

❸ 세땀 상침

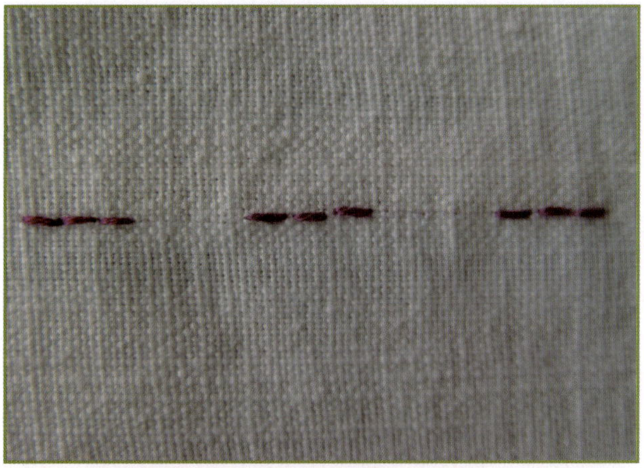

8. 새발뜨기

주로 단 처리 또는 장식용으로 사용하는 바느질로 손바느질 중 유일하게 왼쪽에서 시작해 오른쪽으로 진행하는 바느질 기법이다. 바늘땀 모양이 새 발자국 모양과 비슷하여 새발뜨기라 한다.

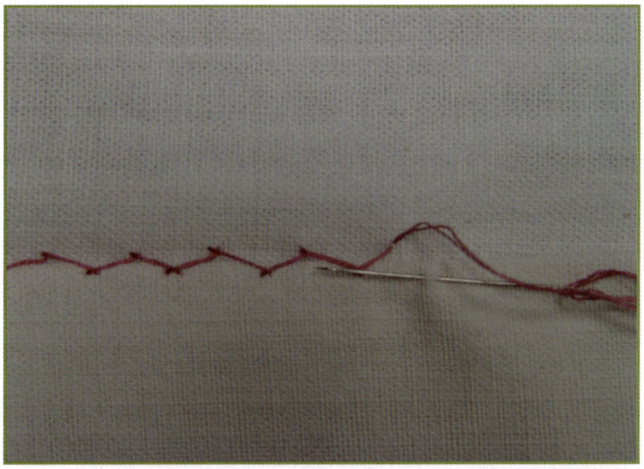

9. 사뜨기

두꺼운 면이 만나는 모서리를 연결하는데 주로 사용하며 장식효과가 우수하다.

튼튼하면서 장식미를 겸한 바느질법이다.

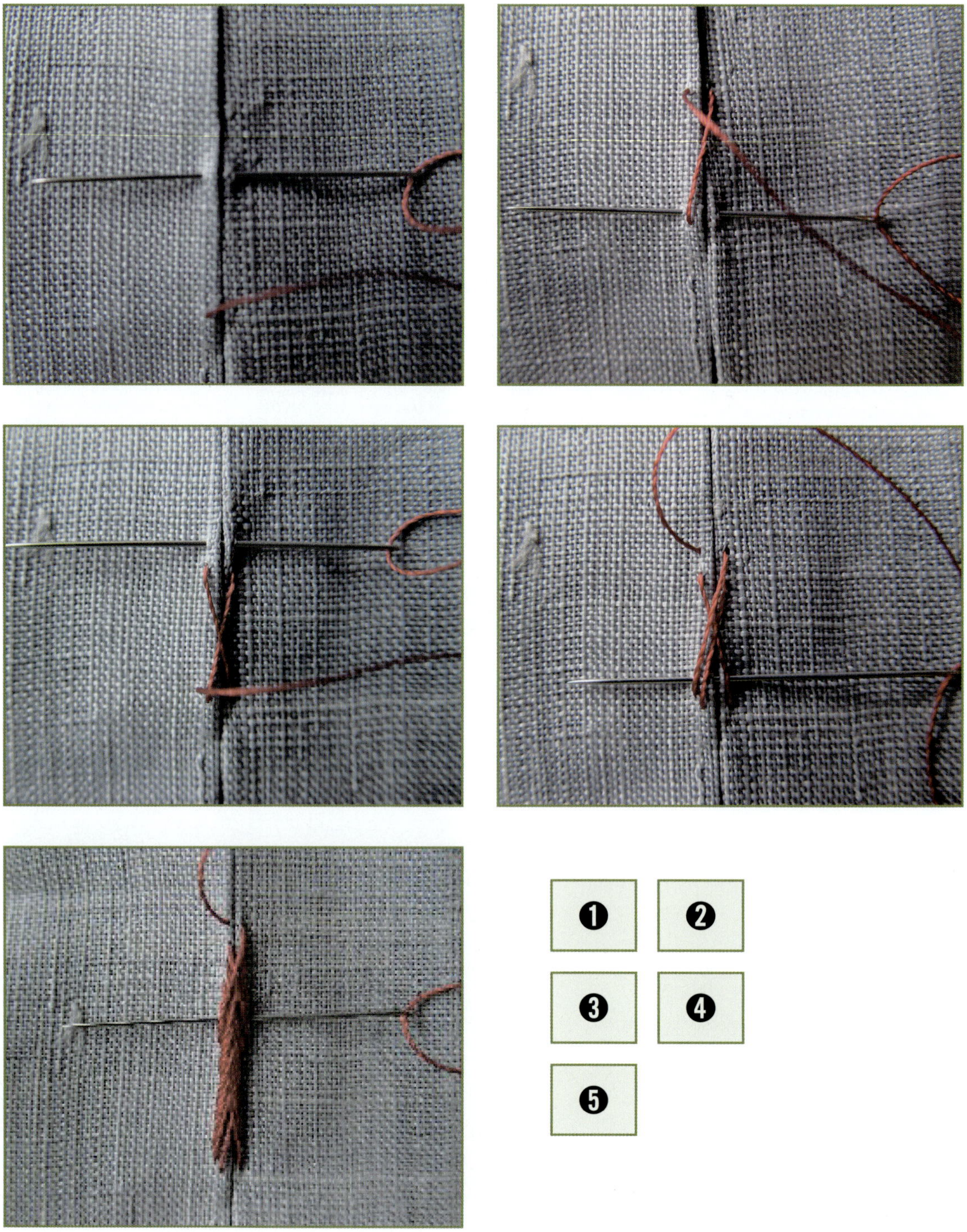

2 시접처리법

1. 가름솔

조각보에서 가장 많이 사용되는 시접처리법으로서 시접을 양쪽으로 갈라주는 방법이다. 두꺼운 옷감이나 비치지 않는 옷감에 사용하기에 적절하다.

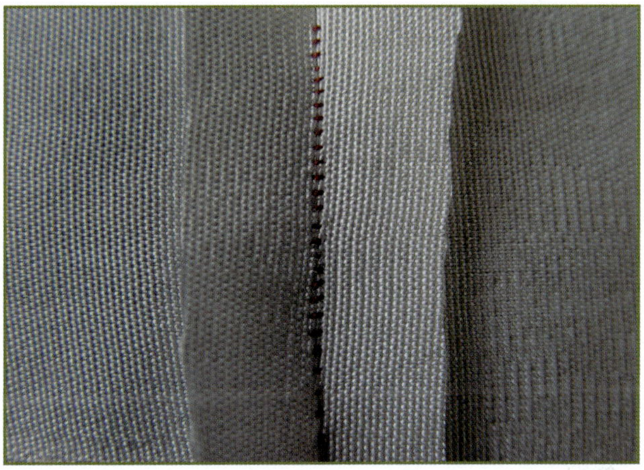

2. 쌈솔

한쪽 시접을 0.3~0.5㎝ 작게 자른 후 넓은 시접으로 좁은 시접을 감싸 바느질한다. 비치고 얇은 옷감이나 홑보 바느질에 적당한 시접처리 방법이다. 쌈솔에는 일반 쌈솔과 옛쌈솔, 응용쌈솔이 있다.

(1) 쌈솔

❶ 시접 1㎝을 접고 감침질로 두 조각을 잇는다.

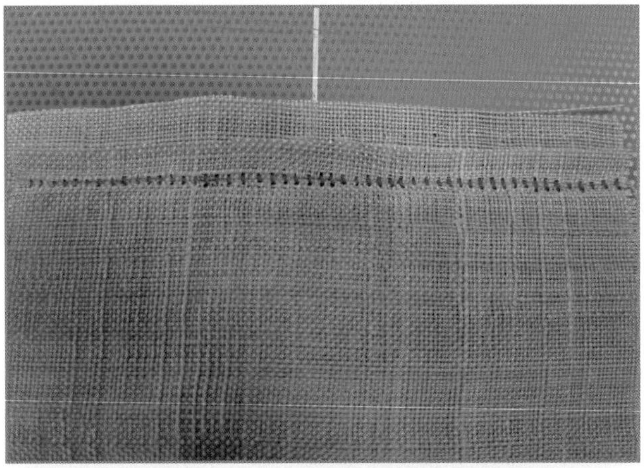

❷ 한쪽 시접을 0.5㎝ 남기고 잘라낸다.

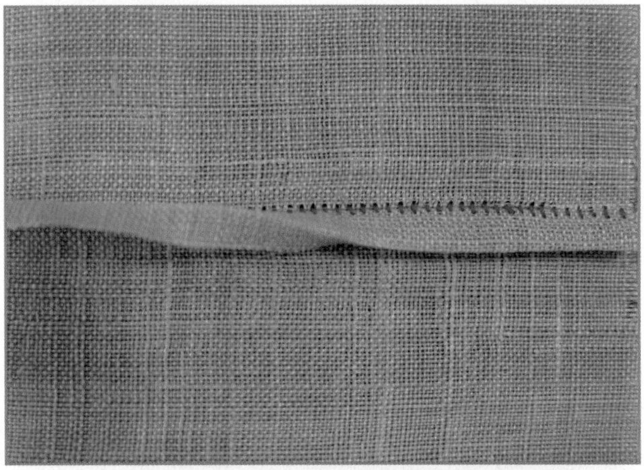

❸ 넓은 쪽 시접으로 좁은 시접을 감싸서 한쪽으로 넘긴 후 납작하게 다린다.

❹ 감싼 시접 끝선을 헤라로 눌러준다.

❺ 헤라로 눌러준 선을 따라 접고 시접과 함께 감침질한다.

❻ 감침질이 끝난후 시접을 잘 다려준다.

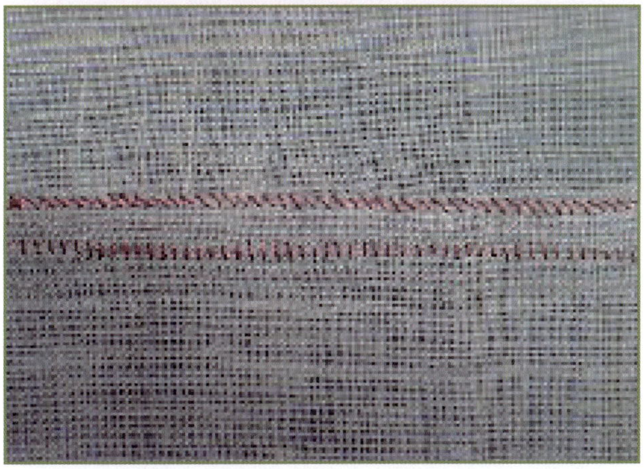

(2) 옛쌈솔

홈질로 두 조각을 연결한 후 감침질로 마무리 한다.

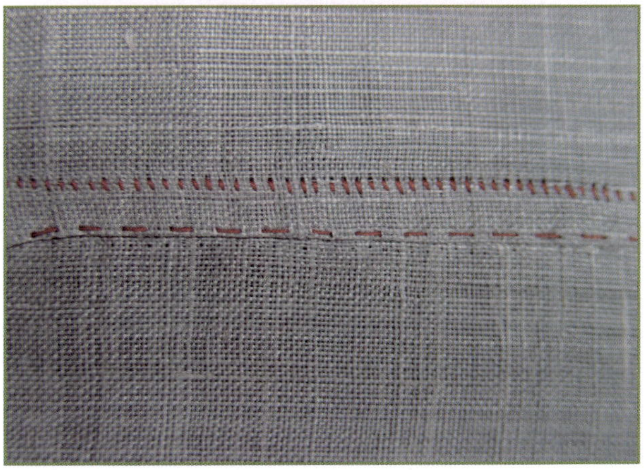

(3) 응용쌈솔

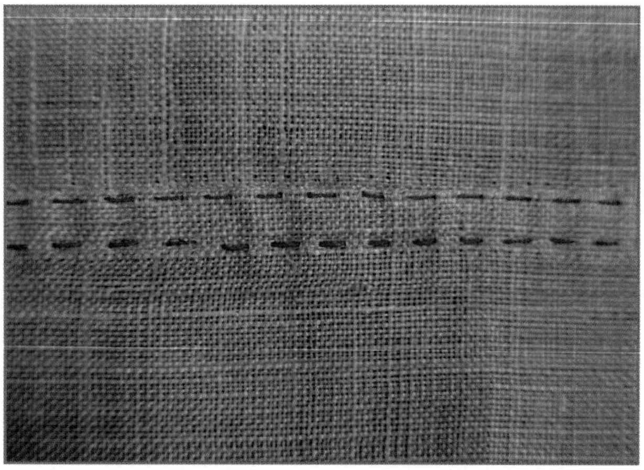

홈질로 두 조각을 연결 한 후 홈질로 마무리 한다.

3. 깨끼솔

노방, 모시 등 얇고 비치는 옷감이나 홑보에 사용한다. 솔기 폭이 좁고 균일해야 완성도가 높은 작품이 된다.

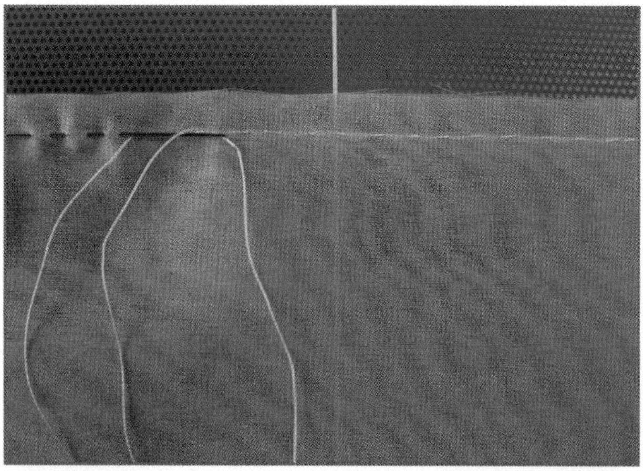

❶ 헤라로 시접을 표시한 후 고운 홈질로 두 조각을 연결한다.

❷ 홈질선을 잘 꺾어 넘긴 후 꺾은선에서 0.2㎝ 띄우고 2번째 곱게 홈질한다.

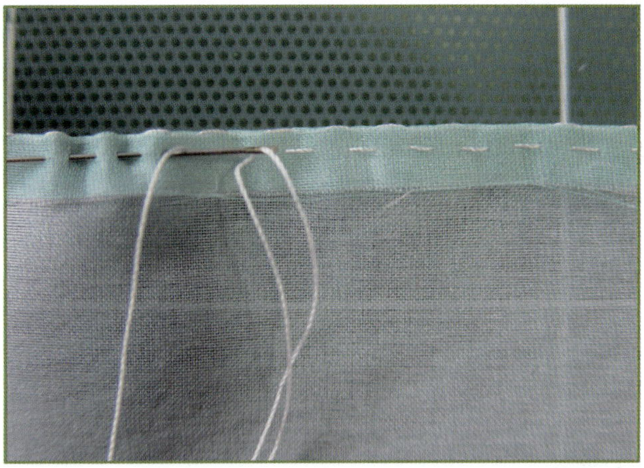

❸ 2번째 홈질선 아래를 바짝 잘라낸다.

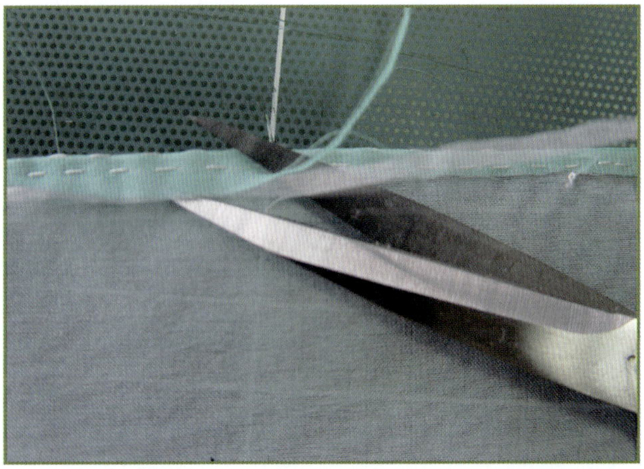

❹ 잘라낸 시접 끝선을 헤라로 눌러준 후 다시 한번 시접을 접어 눌러준다.

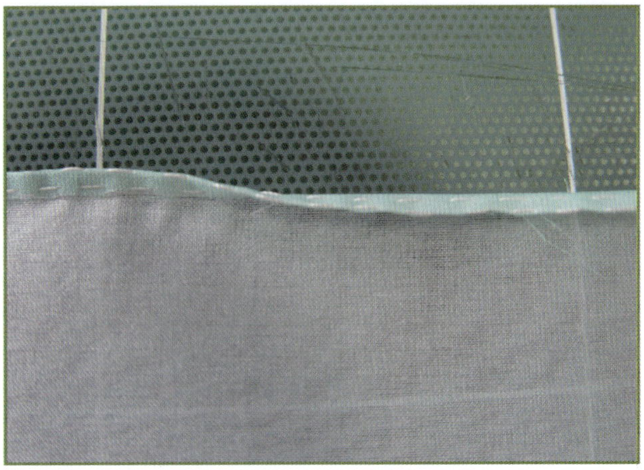

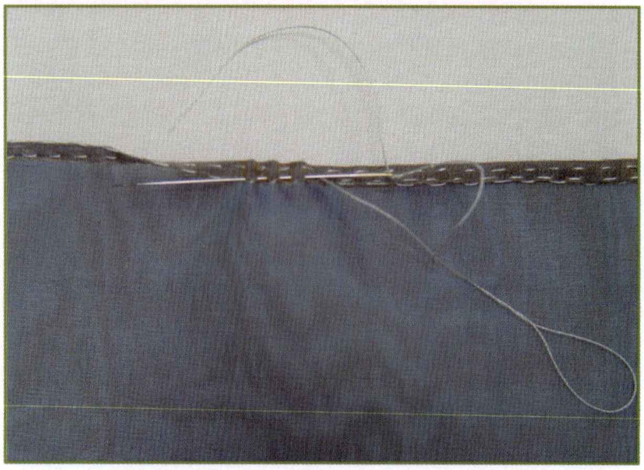

❺ 접은 시접 끝 쪽에서 두 홈질선 사이로 3번째 홈질을 곱게 한다.

❻ 겉감을 넘겨주고 다림질로 마무리한다.

4. 통솔

시접을 완전히 감싸는 방법으로 비치거나 올이 풀리기 쉬운 옷감을 바느질 할 때 사용한다.

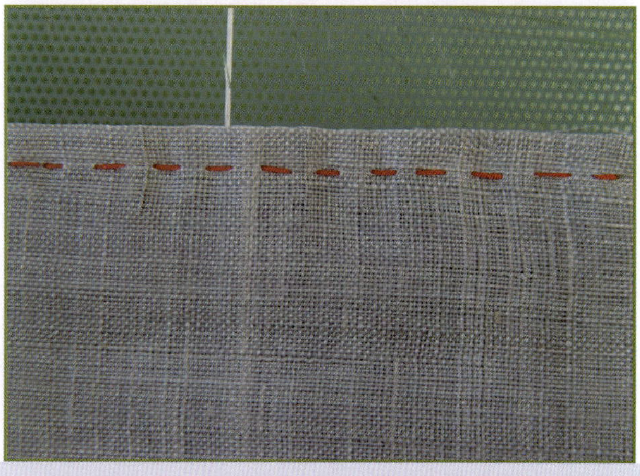

❶ 조각의 겉감 쪽에서 시접 0.2~0.3㎝ 표시한 후 홈질한다.

❷ 시접을 감싸 꺾은 후 안에서 0.3~0.5㎝ 시접두고 다시 박는다. 완성된 시접 폭은 0.8㎝ 이하가 되도록 한다.

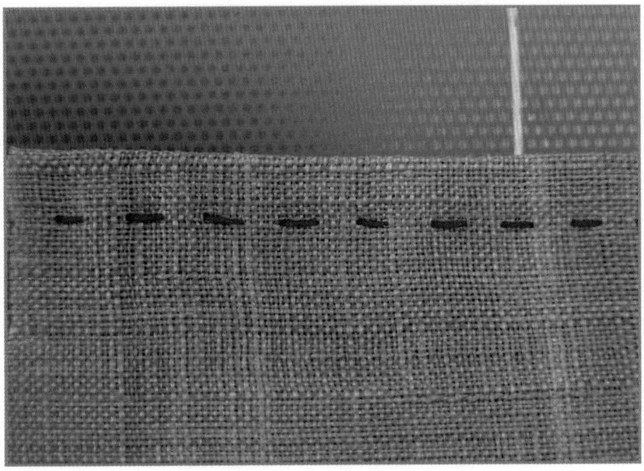

제 3 장

규방 소품 만들기

① 사각 바늘 방석

1. 준비물

6cm×6cm 8장, 솜, 박쥐매듭

2. 만드는 방법

❶ 6㎝×6㎝로 재단한 천을 헤라로 1㎝ 시접 표시를 한다.

❷ 헤라로 누른 선을 접어 두 장을 마주대고 감침질 한다.

❸ 두 장을 같은 방법으로 하여 네 쪽이 붙은 앞판을 만든다.

❹ 완성된 앞판과 뒤판을 시접 1㎝ 두고 창구멍을 남기고 마주대고 감침질 한다.

❺ 창구멍으로 솜을 넣고 마무리한다.

❻ 창구멍을 공구르기로 마감하고 가운데를 박쥐매듭으로 징군다.

2 꽃봉오리 바늘 방석 I

1. 준비물

5㎝×5㎝ 15장, 솜, 박쥐매듭

2. 만드는 방법

❶ 헤라로 시접 1㎝ 를 표시한 후 그림과 같이 꼭짓점을 중심으로 다섯 조각을 완성선까지만 감침질로 연결한다. 같은 방법으로 한 장을 별도로 완성해 둔다.

❷ 조각 사이에 그림과 같이 한 조각씩 감침질로 연결한다.

❸ ❶ 에서 만들어 둔 나머지 한 장을 창구멍을 남겨두고 연결한다.

❹ 팽팽하게 솜을 넣은 후 창구멍을 감침질로 마무리한다.

❺ 튼튼한 무명실로 꼭지점을 중심으로 다섯 군데를 별 모양으로 징궈준다.

❻ 가운데를 박쥐매듭이나
술장식으로 마무리 한다.

3 꽃봉오리 바늘방석 Ⅱ

1. 준비물

5㎝×5㎝ 5장, 7㎝×7㎝ 5장, 지름 4㎝ 원형 하드보드지. 지름 3.5㎝ 원형 광목, 솜, 박쥐매듭

2. 만드는 방법

❶ 헤라로 시접 1㎝ 를 표시한 후 그림과 같이 꼭짓점을 중심으로 다섯 조각을 완성선까지 감침질로 연결한다.

❷ 직사각형으로 재단한 천을 그림과 같이 두 조각 사이에 연결한다.

❸ 그림과 같이 가장자리 조각 사이에 직사각형 조각을 둘러가며 연결한다.

❹ 직사각형 조각들을 윗판에 연결한 후 직사각형 끼리 맞닿는 부분을 그림과 같이 서로 감친다.

❺ 5장을 모두 연결하면 아래와 같은 형태가 나온다.

❻ 감침질 끝선에서 0.5㎝ 윗부분을 두꺼운 면실로 홈질한다.

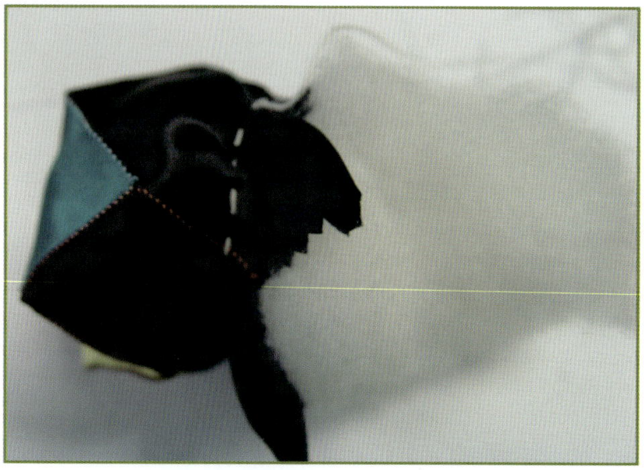

❼ 홈질선을 잡아당겨 오무린 후 솜을 충분히 채워 넣는다.

❽ 실을 팽팽히 잡아 당기면서 입구를 막아준다.

❾ 준비해둔 하드보드지 가장자리를 바이어스로 감싸고, 송곳을 이용하여 오각형 모양으로 미리 구멍을 뚫어둔다.

❿ 아래 사진과 같이 다섯 군데를 하드보드지와 함께 징구어 주는데, 이때 바로 옆으로 가지 말고 하나 건너뛰어 징궈준다.

⓫ 이렇게 하면 뒷면의 실이 별모양을 형성한다.

⓬ 하드보드지 보다 조금 작게 자른 원단 조각을 붙여 뒷면을 깔끔하게 마무리한다.

⓭ 가운데는 박쥐매듭을 달 아준다.

4 꽃잎 주머니

1. 준비물

36㎝×36㎝ 겉감, 안감 각 1장, 끈목, 가락지 매듭

2. 만드는 방법

❶ 겉감을 안쪽이 보이게 반씩 두 번 접어 1/4 크기로 만든다.

❷ 시침으로 고정시키고 본을 대고 그린 후 시접 1㎝ 남기고 재단한다.

❸ 안감도 같은 방법으로 재단하여 안감과 겉감을 겉끼리 마주보게 한다.

❹ 안감과 겉감을 시침으로 고정한 후 창구멍을 남기고 완성선을 곱게 홈질한다.

❺ 시접 1㎝ 남기고 나머지 천을 자른 후 사진과 같이 각진 부분에 가위밥을 주고 시접을 안쪽으로 꺾어 다림질하고 창구멍으로 뒤집어 마감한다.

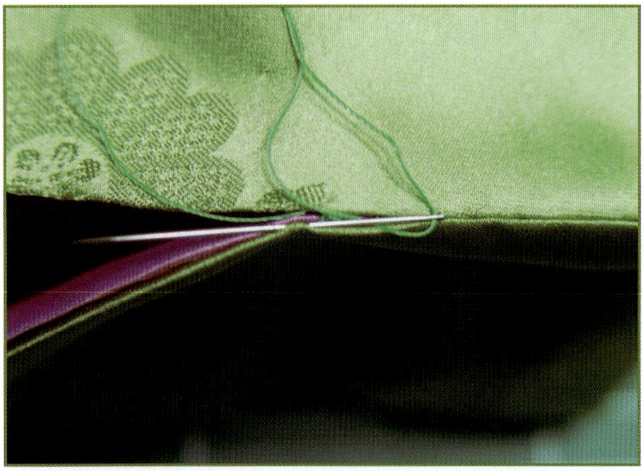

❻ 펼쳐진 모양을 오무려 모서리 네 군데 직선부분(8㎝)을 공그르기로 연결한다.

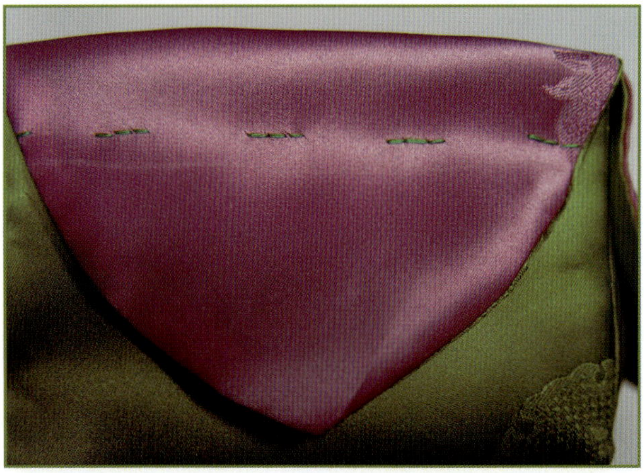

❼ 꽃잎(7㎝)부분을 밖으로 접어 시침핀으로 고정 후 끈이 통과할 부분을 남겨두고 세땀 상침한다.

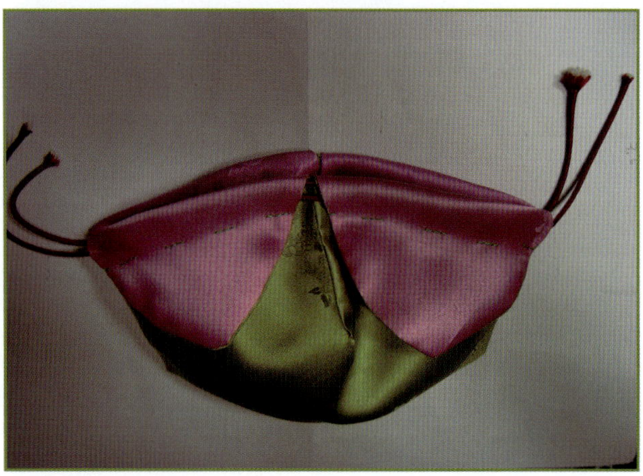

❽ 양쪽에서 매듭실을 각각 교차시킨다.

❾ 양쪽 끈을 잡아당겨 입구를 오므리고 모양을 잡아 준다.

5 두루 주머니

1. 준비물

28㎝×18㎝ 겉감, 안감 각각 2장, 끈목, 가락지 매듭

2. 만드는 방법

❶ 겉감과 안감의 겉끼리 마주대고 시접 1㎝ 선을 헤라로 눌러 표시한 후 곱게 홈질한다.

❷ 홈질선에서 겉감을 안감쪽으로 2㎝접어 넘긴 후 본을 대고 모양을 그린다.

❸ 시접 1㎝를 남기고 모양대로 자른 후 안감쪽에서 창구멍(약6㎝)을 남기고 완성선을 따라 곱게 홈질한다.

❹ 창구멍을 통해 뒤집은 후 안감을 겉감 안으로 집어 넣어 모양을 잡아준다.

❺ 주머니 입구를 5등분 하여 균일하게 주름을 잡아 시침해 둔다.

❻ 주름 잡은 입구를 송곳을 이용하여 구멍을 뚫어 매듭끈을 꿰어 완성한다.

6 약낭

약낭은 주머니를 총칭하는 말로 약낭 또는 향낭이라고 불린다. 그 중에서 약낭은 여인들이 향이라는 식물을 넣어 다니기도 하고 환으로 된 알약을 넣어 다니기도 하였다.

1. 준비물

14㎝×26㎝ (시접 포함, 가로:세로 1:2 비율) 겉감, 안감 각 1장, 매듭

2. 만드는 방법

❶ 재단된 원단에 헤라로 사방 1㎝ 시접분을 눌러준다.
❷ 겉감과 안감의 겉과 겉을 마주대고 창구멍을 남긴 후 홈질한다.

❸ 시접분을 꺾어 다림질 한 후 뒤집고 창구멍을 마감한다.
❹ 다림질로 정리한 후 밑면을 그림과 같이 이등분하여 양쪽 모서리를 접어 감침질한다.

❺ 세로면을 그림처럼 접어 둘러가며 감침질한다.

❻ 사진과 같이 가운데 주름을 잘 맞추어 시침하고 4겹이 겹치는 곳에 송곳으로 구멍을 뚫는다.

❼ 매듭을 넣고 주머니 모양을 잘 잡아 완성한다.

7 귀 주머니

1. 준비물

17㎝×34㎝ 겉감 1장,
17㎝×26㎝ 안감 1장,
낙지 매듭

2. 만드는 방법

❶ 재단된 겉감과 안감에 헤라로 사방 1㎝ 시접을 표시한 후, 겉감과 안감의 겉을 마주대고 짧은 쪽을 홈질한다. 같은 방법으로 나머지 겉감과 안감 한 쌍도 홈질한다.

❷ 2장이 완성되면 겉감은 겉감끼리 안감은 안감끼리 마주보게 접은 후 홈질선을 잘 맞추어 안감쪽에 5~6㎝ 정도의 창구멍을 남기고 홈질한다.

❸ 창구멍을 통해 뒤집어 창구멍을 공그르기로 마무리한 후 입구부분을 3등분 표시한다.

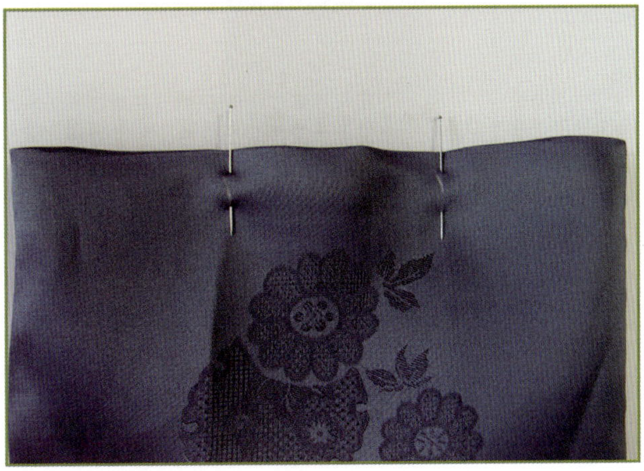

❹ 앞 뒤 1/3지점을 서로 엇갈리게 양쪽으로 당긴다.

❺ 3등분한 지점을 찾아 그림과 같이 병풍접기를 하고 모양을 잡아준다. 이렇게 잡는 주름을 육모주름이라 한다.

❻ 주머니 모양을 잡은 후 주름이 겹치지 않는 곳에 매듭 넣을 위치를 정해 송곳으로 구멍을 뚫는다.

❼ 주름의 모양을 잡고 낙지 매듭으로 장식한다.

8 선비 주머니

1. 준비물

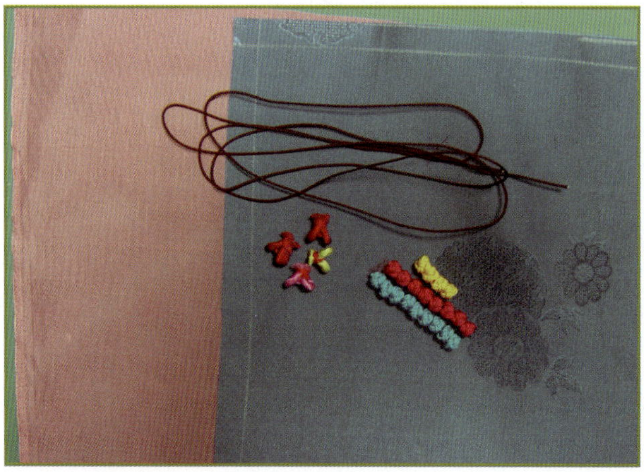

24㎝×24㎝ 겉감, 안감 각각 1장, 끈목, 가락지 매듭, 박쥐 매듭

2. 만드는 방법

❶ 시접 1㎝를 표시하고 창구멍을 남기고 사방을 홈질한다. 시접을 꺾어 다린 후 창구멍으로 뒤집는다.

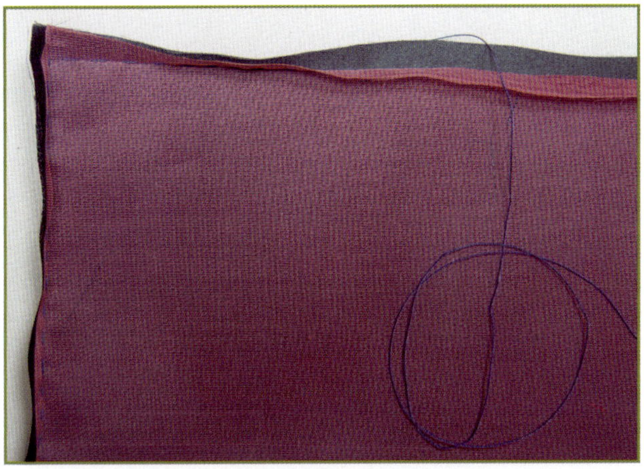

❷ 뒤집기 전 모서리는 사진과 같이 정리해주면 뒤집었을때 모양이 잘 나온다.

❸ 공그르기로 창구멍을 마무리 하고, 다림질 한 다음 대각선 양쪽 모서리를 가운데로 접어 바늘땀이 보이지 않게 연결해준다.

❹ 접어진 상태에서 한번 더 가운데로 접어준다.

❺ 접은 쪽이 위로 오게 한 후 길이로 반을 접는다.

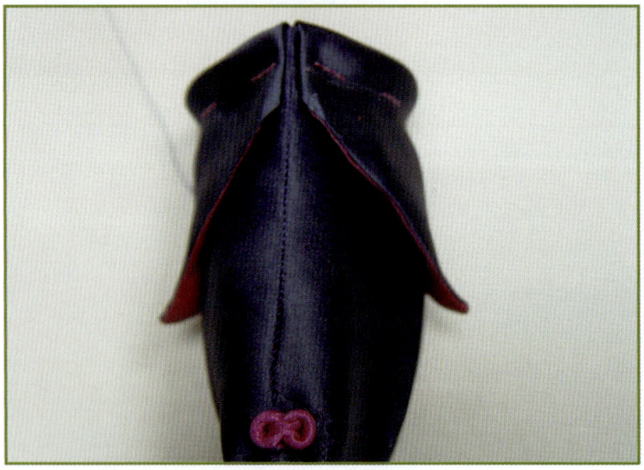

❻ 시침핀으로 고정 후 양쪽을 감침질 하고, 아래쪽 끝 모서리를 위로 0.5㎝ 정도 접어올려 박쥐매듭을 단다.

❼ 위의 뾰족한 삼각형 모서리를 바깥으로 접고 끈 넣을 구멍을 남기고 세땀 상침 한다.

❽ 끈목을 넣고 박쥐장식을 달아 마무리 한다.

9 호박노리개

1. 준비물

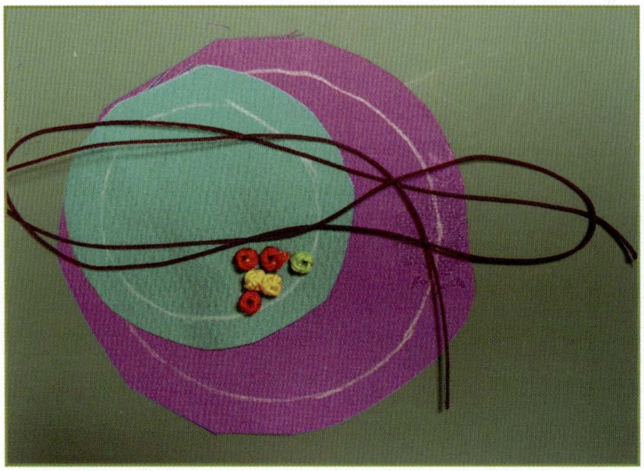

각각 지름 10㎝, 8㎝, 6㎝ 원 모양인 서로 다른 색상의 양단, 솜 약간, 끈목, 가락지 매듭

2. 만드는 방법

❶ 시접0.7㎝남기고 재단한 천을 원을 따라 곱게 홈질한다.

❷ 홈질이 끝난 후 실을 잡아 당겨 오무리고 솜을 넣는다.

❸ 실을 단단히 잡아당긴 후 송곳을 이용하여 시접을 안으로 집어넣고 입구 주변을 버튼홀 스티치로 깔끔하게 정리한다.

❹ 스티치가 끝난 실을 자르지 말고 뒤에서 원의 중앙을 향해 바늘을 빼낸다.

❺ 가운데로 빼낸 실을 한 바퀴 돌려 다시 뒤에서 가운데로 빼낸 후 단단히 잡아당겨 호박의 골을 만들어 준다. 이와 같은 과정을 반복하여 입체적인 호박을 완성한다.

❻ 각각 완성된 호박을 매듭끈으로 연결하고 가락지 매듭으로 장식하여 완성한다.

10 고추 열쇠패

1. 준비물

양단, 솜, 지누사

2. 만드는 방법

❶ 원단 안쪽에 고추본을 대고 그린 후 시접 0.7㎝ 남기고 자른다. 이때 고추본의 직선 부분 한쪽이 원단의 식서와 평행이 되도록 한다.

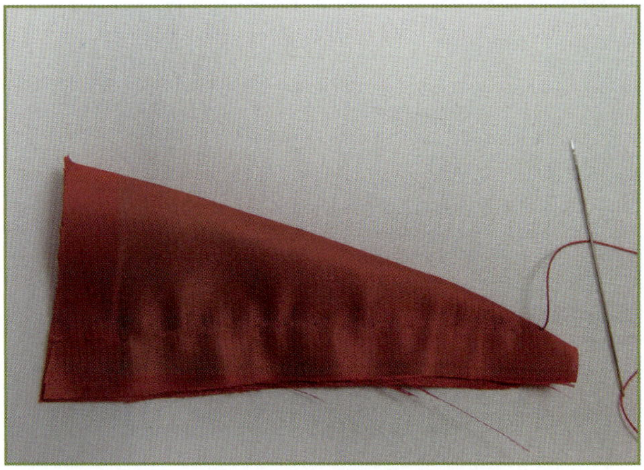

❷ 겉과 겉이 마주보게 반으로 접어 입구에서부터 아래쪽으로 홈질한다.

❸ 홈질이 끝난 실은 자르지 않고 안으로 넣어 뒤집어 준다.

❹ 입구부분을 두겹실로 홈질하고 솜을 넣은 후 입구를 잡아당겨 동여맨다.

❺ 완성사이즈 5㎝×0.7㎝의 고리를 만들어 그림과 같이 고추에 부착 한다.

❻ 고추 몸통의 바느질 선을 사뜨기로 장식한다.

❼ 고추를 여러 개 만들어 미리 준비해 둔 끈으로 고정한다. 끈의 끝부분은 삭모 장식을 한다.(부록. 삭모 만들기 참조) 고추 끝부분은 술 장식을 해도 좋다.(부록. 술장식 참조)

11 괴불 노리개

1. 준비물

7㎝×7㎝ 크기의 3가지 색상의 단 조각 , 솜, 술 장식, 지누사

2. 만드는 방법

❶ 사방 시접 1㎝ 를 표시하여 시접을 꺾고 대각선으로 접어 감칠질 한다. 솜을 넣고 창구멍을 공그르기로 마무리 한다.

❷ 창구멍을 막은 후 감침선을 사뜨기로 장식한다.

❸ 삼각형 양 끝에 술을 달아준다. (이때 술이 위로 향하게 달아야 모양이 이쁘다)

❹ 끈을 만들어 반으로 접어 고리에서 6~8㎝ 내려와 첫 번째 괴불을, 1~2㎝ 아래에 다음 괴불을 시침질로 고정한다.

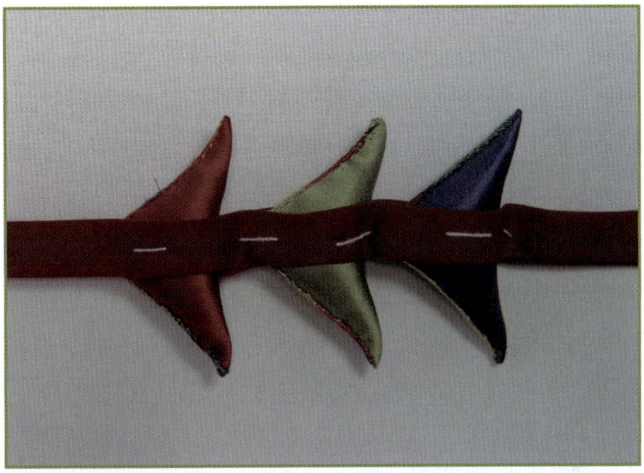

❺ 지누사를 이용해 괴불과 끈은 홈질, 괴불과 괴불 사이 끈끼리 맞닿는 부분은 별(*)모양으로 바느질 형태를 잡아준다.

12 경상도 골무

1. 준비물

4㎝×5㎝ 삼베 3조각, 명주조각 4㎝×5㎝ 1장, 무명실 80㎝ 4가닥, 색실

2. 만드는 방법

❶ 4㎝×5㎝로 3겹을 만든다.

❷ 삼베조각위에 명주조각을 시침한 후 1/3지점 중앙에서 무명실을 반으로 접어 색실로 고정하고 또아리를 만들어 가며 중간중간 색실로 고정한다.

❸ 또아리의 지름이 1.4~1.6㎝ 정도가 되면 무명실 2가닥을 뒤로 빼낸다.

❹ 위의 과정을 반복하여 무명실을 뒤로 모두 빼낸 후 매듭짓는다.

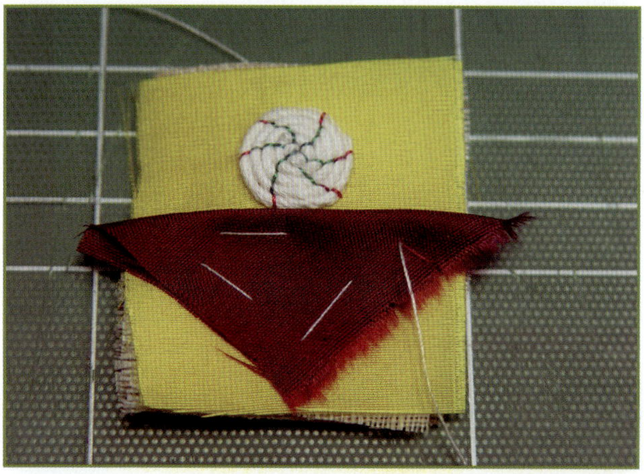

❺ 명주조각을 삼각형으로 접어 시침한다.

❻ 명주조각을 양쪽으로 그림과 같이 시침한 후 장식 바느질로 고정한다. 가운데는 별모양으로 장식해준다.

❼ 골무본을 대고 그린 후 선을 그린다.

❽ 선을 따라 바이어스를 두른다.

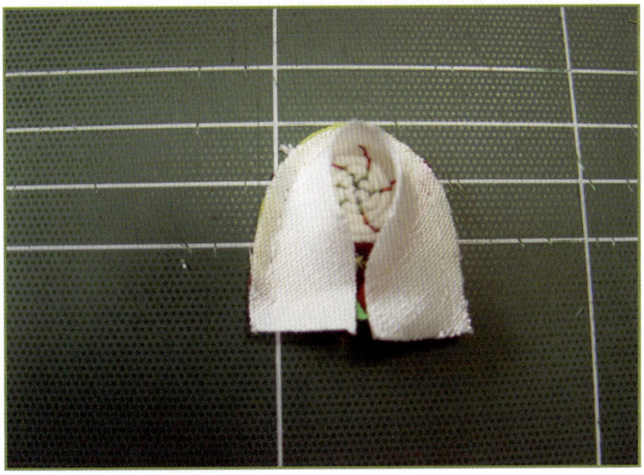

❾ 시접 0.3㎝ 정도를 두고 모양대로 자른 후 아래부분도 바이어스를 둘러 앞뒤판 2장을 만든다.

❿ 앞뒤판 2장을 사뜨기로 연결해준다.

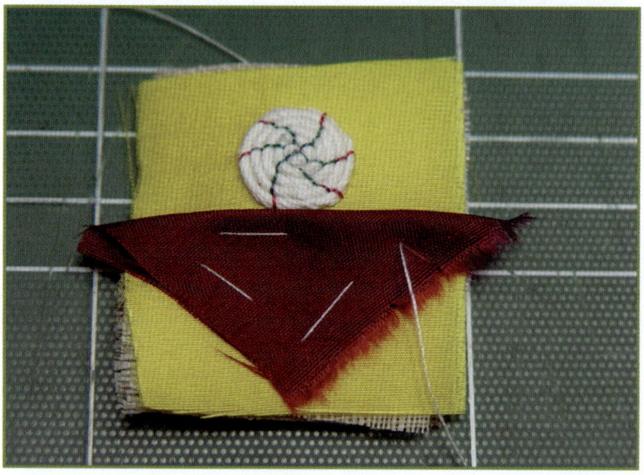

⓫ 완성된 골무의 모양을 잡아준다. 이때 골무봉을 사용하기도 한다.

13 연잎 다포(모시 꼬집기)

1. 준비물

모시 1마, 면사, 박쥐매듭

2. 만드는 방법

❶ 수성펜을 이용하여 모시 뒷면에서 잎맥을 그려준다. 이때 가운데에서 동전 크기 정도는 남겨두고 잎맥을 그린다. 그려진 잎맥을 따라 뒤에서 헤라로 눌러준다.

❷ 눌려준 선을 따라 겉쪽에서 1㎜ 정도를 손끝으로 집어준다.(꼬집기 과정)

❸ 꼬집은 부분을 따라 홈질 또는 감침질 한다.

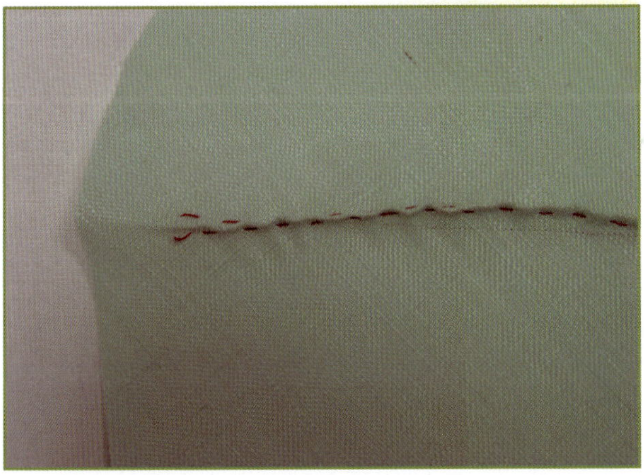

❹ 잎맥의 끝에서 0.5㎝정도는 남겨두고 마감한다.

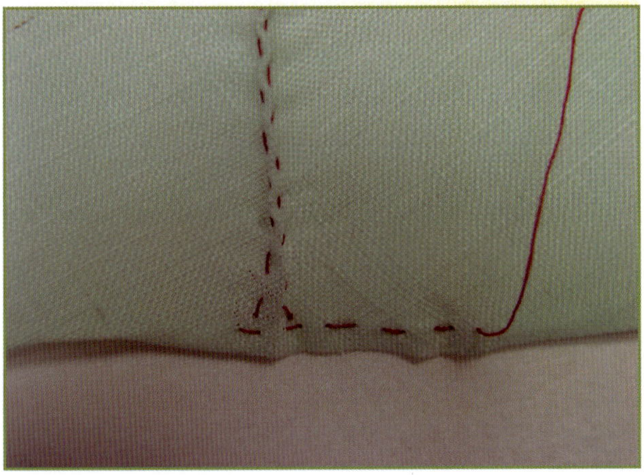

❺ 가장자리는 두 번 접어 홈질한다.

❻ 가운데는 박쥐매듭을 장식하여 준다.

14 오방쪽보

1. 준비물

황색 11.8㎝×11.8㎝, 적, 청, 백, 흑색의 명주 각각 16㎝×16㎝, 테두리감 산탄

2. 만드는 방법

❶ 꼭지점에서 양쪽으로 7㎝ 남겨두고 사선을 접어 사선의 길이가 9.8㎝가 되는지 확인한 후 가운데 황색과 감침질한다.

❷ 가운데 황색의 네 면을 기준으로 시계방향으로 검정, 청색, 홍색, 백색의 순서대로 감침질 한다.

❸ 테두리감을 대고 세땀상침 한다.

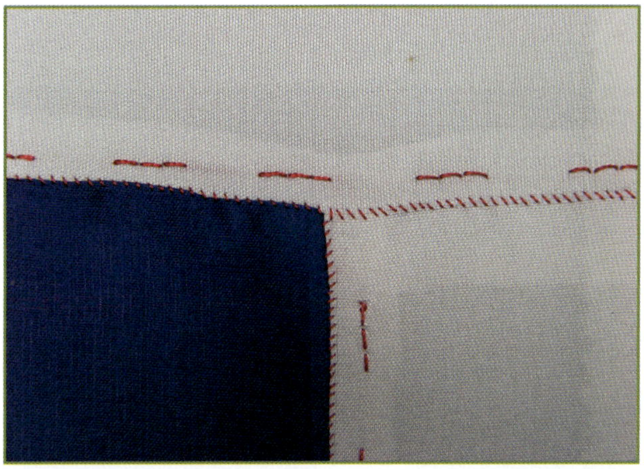

❹ 뒷감의 겉과 겉감의 겉을 마주대고 창구멍을 남기고 홈질 한다. 창구멍을 통해 뒤집은 다음 공그르기로 마무리한 후 다림질 한다.

15 여의주문보

98

1. 준비물

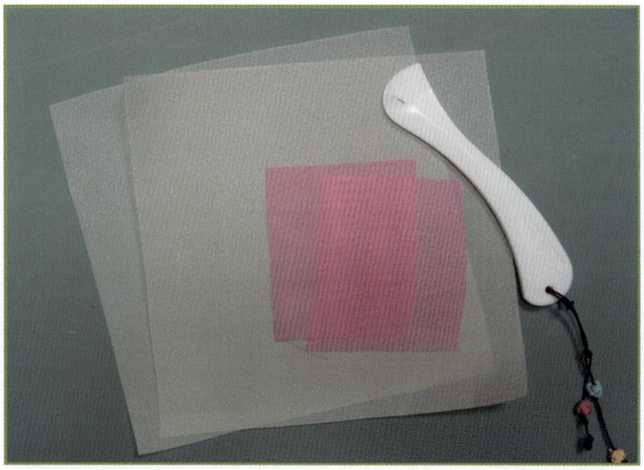

12㎝×12㎝ 노방 또는 갑사 등 얇은 감, 5㎝×5㎝ 배색감, 테두리용 산탄 또는 명주

2. 만드는 방법

❶ 1㎝ 시접을 표시 한 후 시접을 꺾어 다림질로 다려준다.

❷ 사각형의 네 모서리를 중심으로 접어 바느질로 보이지 않게 고정한다.

❸ 각 모서리 끝을 헤라로 눌러준다.

❹ 뒤집어 다시 한번 네 모서리를 가운데로 모아 고정해준다.

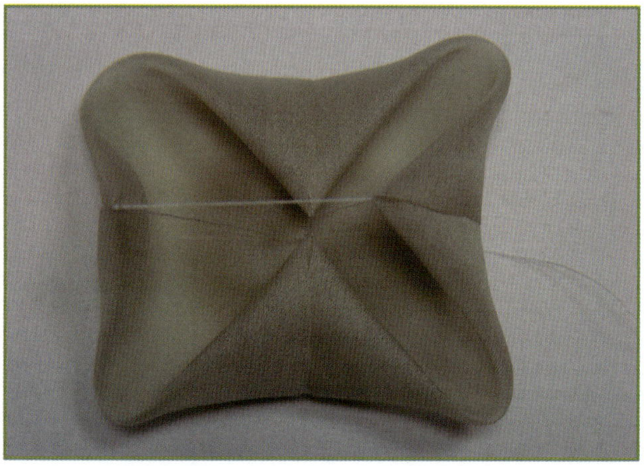

❺ 그림처럼 사선 부분이 보이도록 두장을 맞대어 감침질 또는 홈질한다.

❻ 두장이 연결된 부분에 배색감을 대고 시침하여 고정한다.

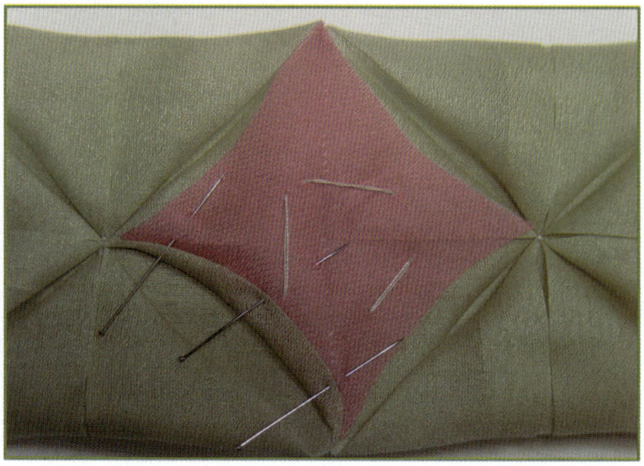

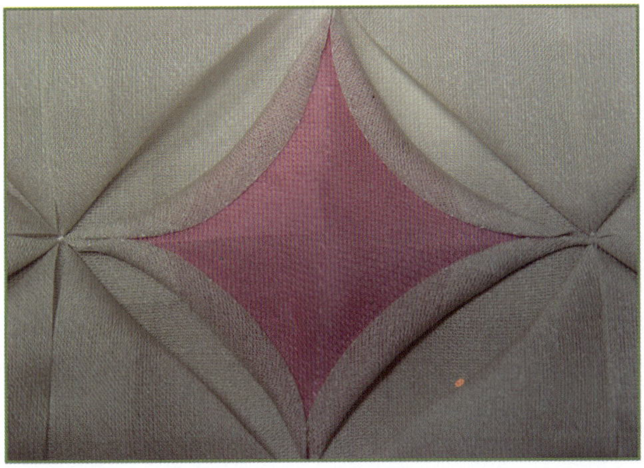

❻ 모서리를 접어 홈질 또는 공그르기로 고정하여 준다.

❼ 테두리감의 가운데에 여의주보를 배치한 후 시침질로 고정한다.

❽ 테두리감의 시접을 접고 여의주보의 가장자리에서 0.3㎝두고 감침질 또는 홈질로 연결한다.

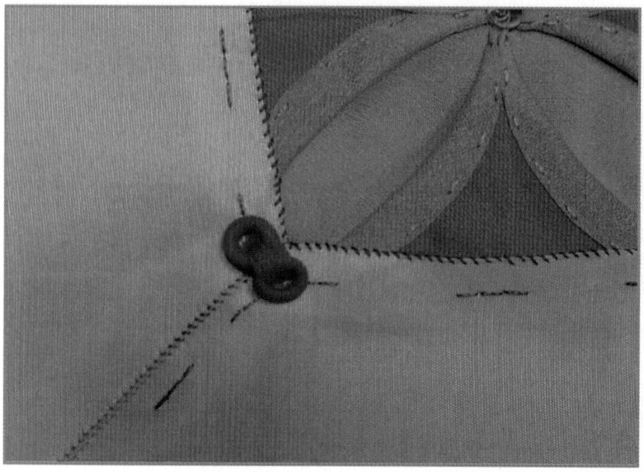

❽ 두리를 따라 세 땀 상침하고 모서리 네 군데에는 박쥐 장식을 해준다. 박쥐장식은 장식적인 효과뿐만 아니라 겉감과 뒷감을 고정해주는 역할도 한다. 꽃모양의 가운데에 박쥐장식을 하기도 한다.

16 노방 홑보

1. 준비물

다양한 색상의 노방, 견사

2. 만드는 방법

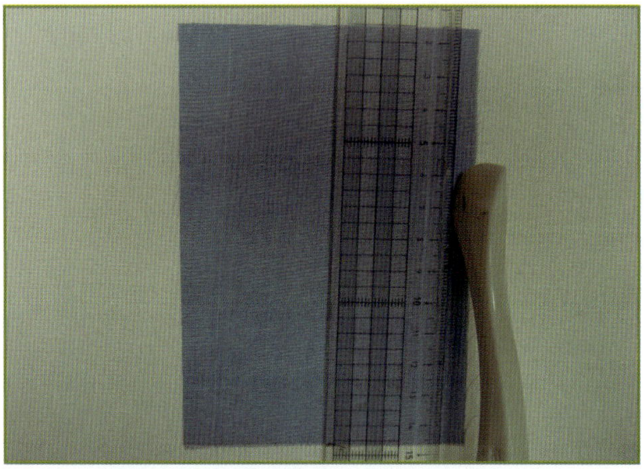

❶ 시접 1㎝을 헤라로 눌러 표시한다.

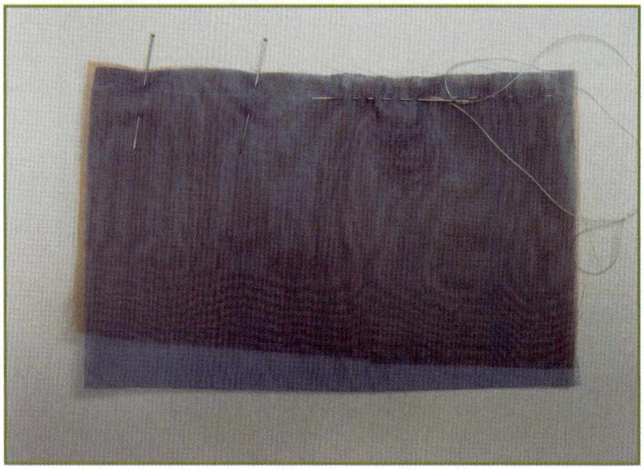

❷ 조각 2장을 겉끼리 맞대어 시접선을 따라 곱게 홈질한다.

❸ 홈질선을 따라 시접을 꺾어준 후 헤라로 눌러 주거나 다림질한다.

❺ 시접 꺾은 선 0.2㎝정도 아래를 곱게 두 번째 홈질 한다.

❻ 홈질이 끝난 후 시접을 바짝 잘라준다.

❼ 시접 자른 부분을 다시 한번 헤라로 눌러준 후 시접을 또 한번 접어준다.

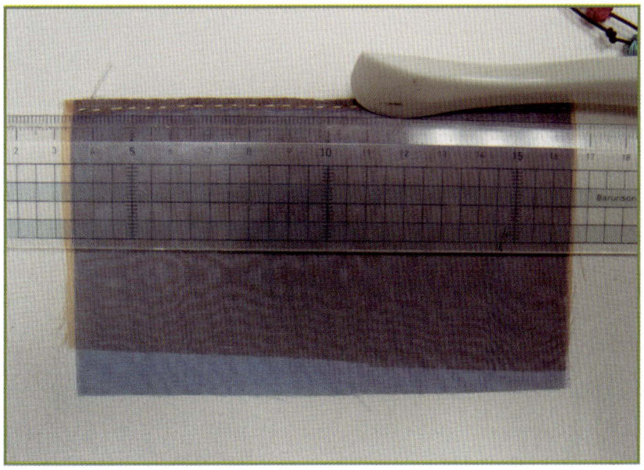

❶ 두 번 접은 시접 끝을 곱게 홈질해준다.

❷ 시접을 한쪽으로 넘기고 겉에서 헤라로 눌러준 후 다림질한다. (깨끼솔 참고)

❸ 가장자리는 두 번 접어 곱게 홈질한다.

17 사선단보 응용작품

1. 준비물

다양한 색상의 단 조각, 견사

2. 만드는 방법

❶ 5㎝×5㎝ 크기의 정사각형 조각들을 사선으로 2등분하여 삼각조각을 만들어 둔다. 시접 0.7㎝를 헤라로 눌러준 후 접고 삼각형 조각들의 밑변을 맞대어 감칠질한다. 시접을 접을 때 늘어나지 않도록 당기지 말고 손끝으로 꼭꼭 눌러준다.

❷ 사각형으로 만들어진 조각들을 연결해준다.

❸ 위의 과정을 반복하여 삼각형의 각이 잘 맞는지 확인해 가면서 조각들을 연결해준다.

❺ 연결된 조각들을 이용하여 다양한 작품을 만든다.

부록

❶ 박쥐매듭 만들기

2. 만드는 방법

❶ 4㎝×4㎝사각형의 천을 준비하여 한쪽 모서리 끝을 손끝으로 말아준다. 이때 모서리 끝에 시침핀을 꽂고 말아주면 쉽게 말린다.

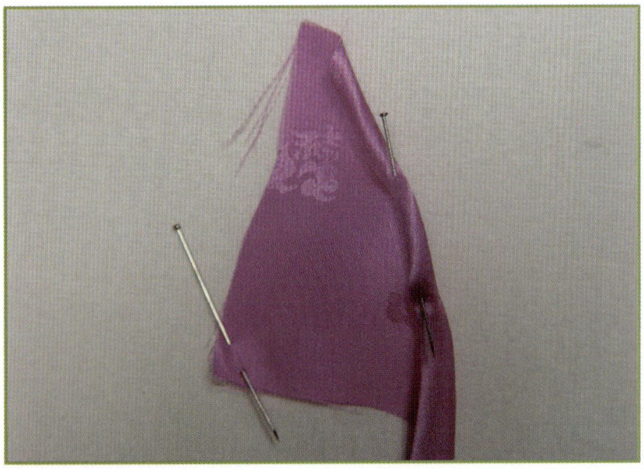

❷ 중앙까지 말아준 후 시침으로 고정한다.

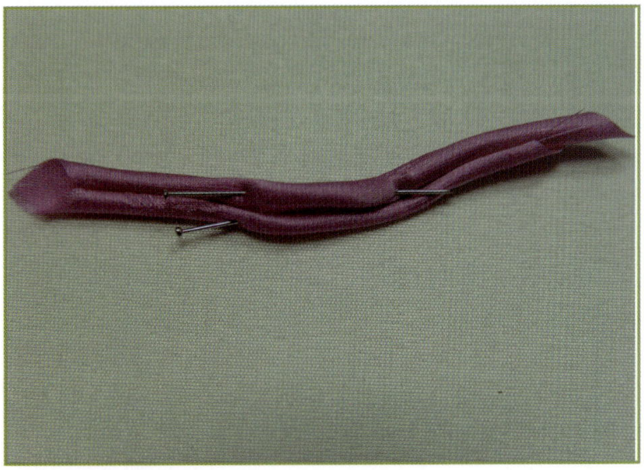

❸ 그림과 같이 바깥으로 둥글려 준 후 말아준 부분이 풀리지 않도록 박음 해준다. 이때 송곳 등을 이용하여 같은 크기의 박쥐 매듭을 여러 개 만들어 둔다.

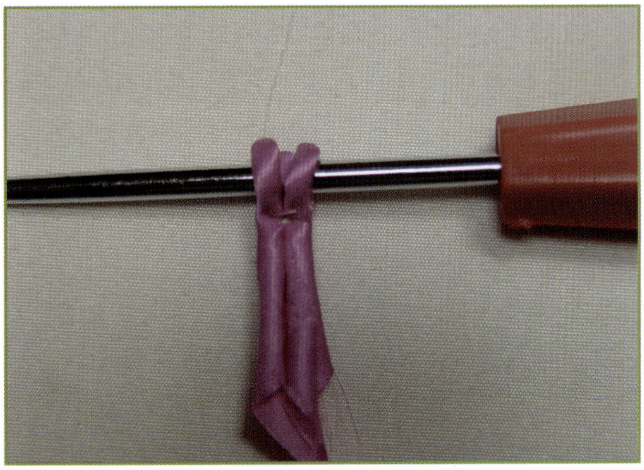

❹ 박음한 부분을 실로 여러 번 동여매어 준 후 매듭짓는다.

❺ 매듭의 끝은 0.2㎝정도 남기고 가위로 잘라낸다.

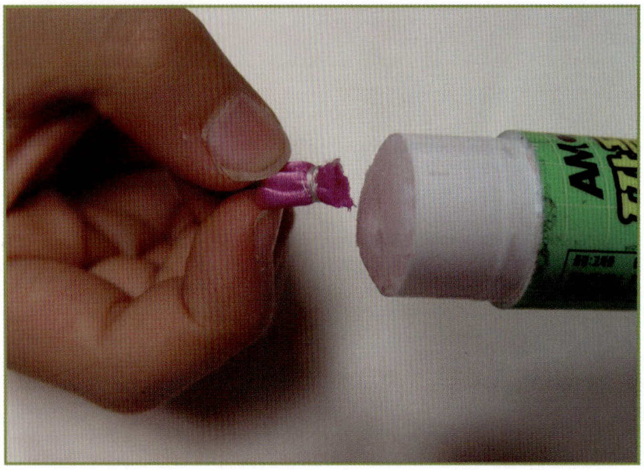

❻ 끝이 풀어지지 않게 풀을 발라둔다.

2 술장식 만들기

❶ 1.5㎝ 넓이의 두꺼운 종이에 견사를 80회 정도 촘촘히 감은 다음 바늘에 실을 꿰어 한쪽 끝을 감아 단단히 묶는다.

❷ 묶은 부분에서 0.3㎝ 정도 되는 곳을 실로 수 회 단단히 감아 묶어준다.

❹ 매듭을 짓고 끝은 부채꼴 모양으로 가위로 잘라준다.

3 삭모 만들기

❶ 줄천 만들 천을 준비하여 겉끼리 마주대고 곱게 홈질한다.

❷ 시접부분이 가운데로 오게 한 후 그림과 같이 줄천의 폭을 반으로 접어 끝에서 시접 0.7㎝남기고 홈질한 후 뒤집는다.

❹ 모양을 잡아준 후 다림질로 마무리한다.

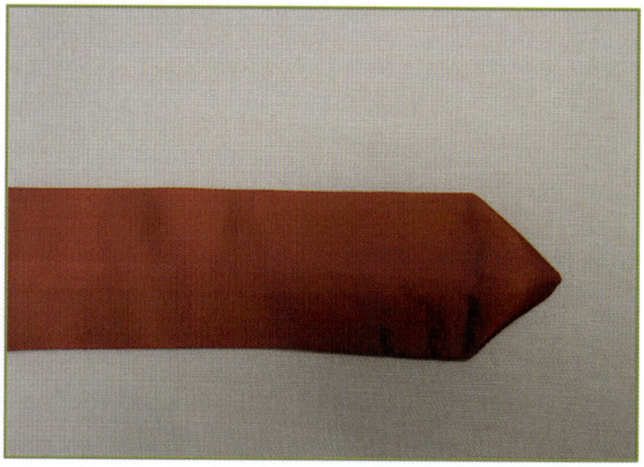

참고문헌

- 아름다운 우리 전통 보자기 만들기, 김현희, 2009
- 소박하지만 정겨운 우리 규방 이야기, 조주상, 2009
- 재미있게 만들어 보는 생활 속의 전통장식공예, 양숙향·최선미 공저, 2007
- 오늘에 되살리는 옛 여인의 멋 규방공예, 성남시농업기술센터, 2007
- 전통복식공예 –전통염색·매듭·누비·자수–, 안명숙, 2004
- 천연염색과 규방공예, 김정호·이미석 공저, 2005
- 고구려 문양과 규방공예디자인, 이미석, 2008
- 전통공예의 첫걸음, 유효순·이정주 공저, 2008
- 중앙 일보 경제 섹션, 2010. 1. 25.
- 효재처럼 손으로 천 한 장, 바늘 한 땀으로 지구를 지키는 법, 이효재, 2009
- 오방 색실과 천으로 잇는 천연 세상 규방공예, 김지영·김문진, 2000
- 우리가 정말 알아야 할 우리 규방문화, 허동화, 1997
- 우리규방문화와 침선소품, 이미석, 2005
- 전통복식공예, 김용서·김은정, 2003
- ポジャギ(POJAGI), 김현희, 1999
- 한국의 전통공예, 경기도 박물관, 2007
- 규방공예, 해인 변인자, 2010

저자 소개

김은경

국제대학 패션계열 부교수
성균관대학교 의상학과 외래교수
상명대학교 의상디자인학과 외래교수

패턴 · 메이킹, 학문사, 2000
현대생활속의 패션, 학문사, 2000
생활속의 기초 의류봉제, 북마스터, 2004
생활속의 여성 의류봉제, 북마스터, 2004

박인자

성균관대학교 의상학과 박사
성균관대학교 의상학과 강사
명지대학교 의상학과 강사
(현) 국제대학 패션디자인 전공 외래교수

소곤소곤 정겨운

옛 바느질 이야기

초판 1쇄 발행 2011년 3월10일 | 지은이 김은경, 박인자
펴낸이 양철문 | 펴낸곳 교학연구사
관리 양진수 · 이헌수 · 이윤화 | 마케팅 이영근 · 황현준 | 편집 · 디자인 김윤경
주소 서울특별시 마포구 공덕동 105-67
전화 82.2.717.3554(영업부) 82.2.703.1140(편집부) | 팩스82.2.717.3567
Home page http://www.교학연구사.com
등록 제10-17호(1980. 4. 14) | 정가 15,000원 |
ISBN 978-89-354-0484-1 93590

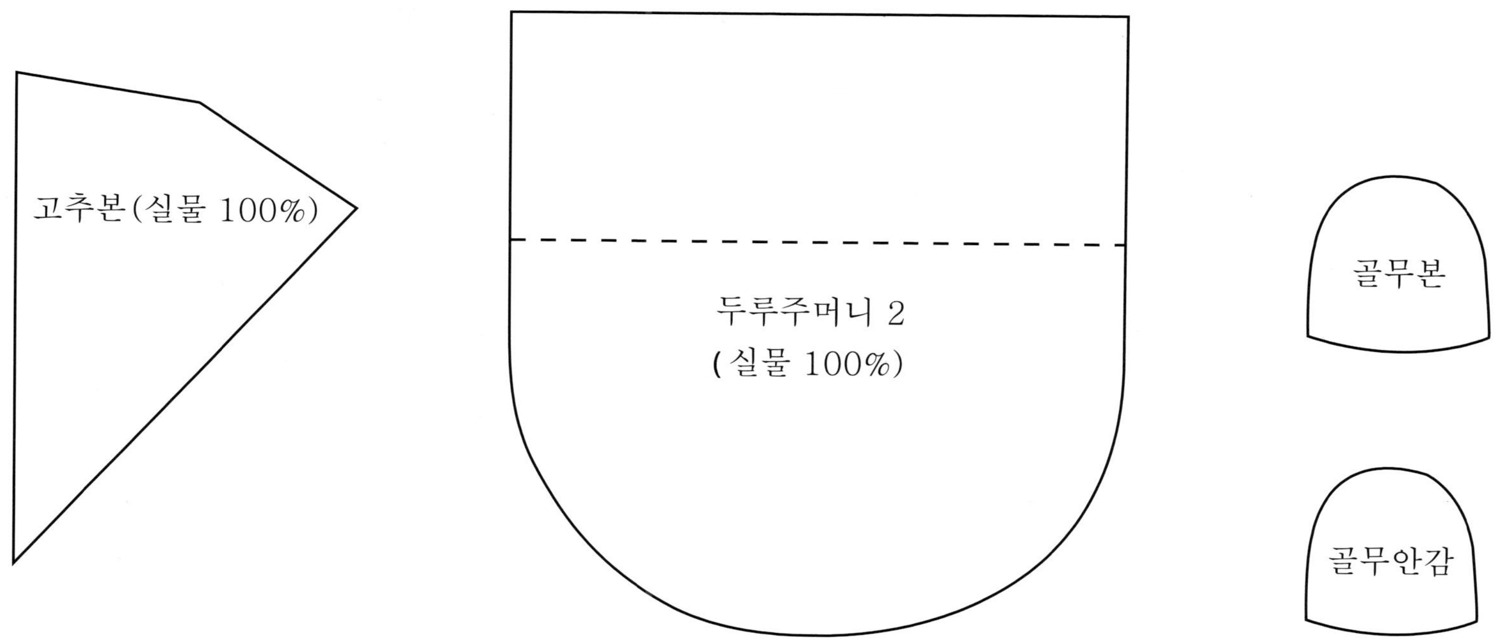
고추본(실물 100%)
두루주머니 2
(실물 100%)
골무본
골무안감

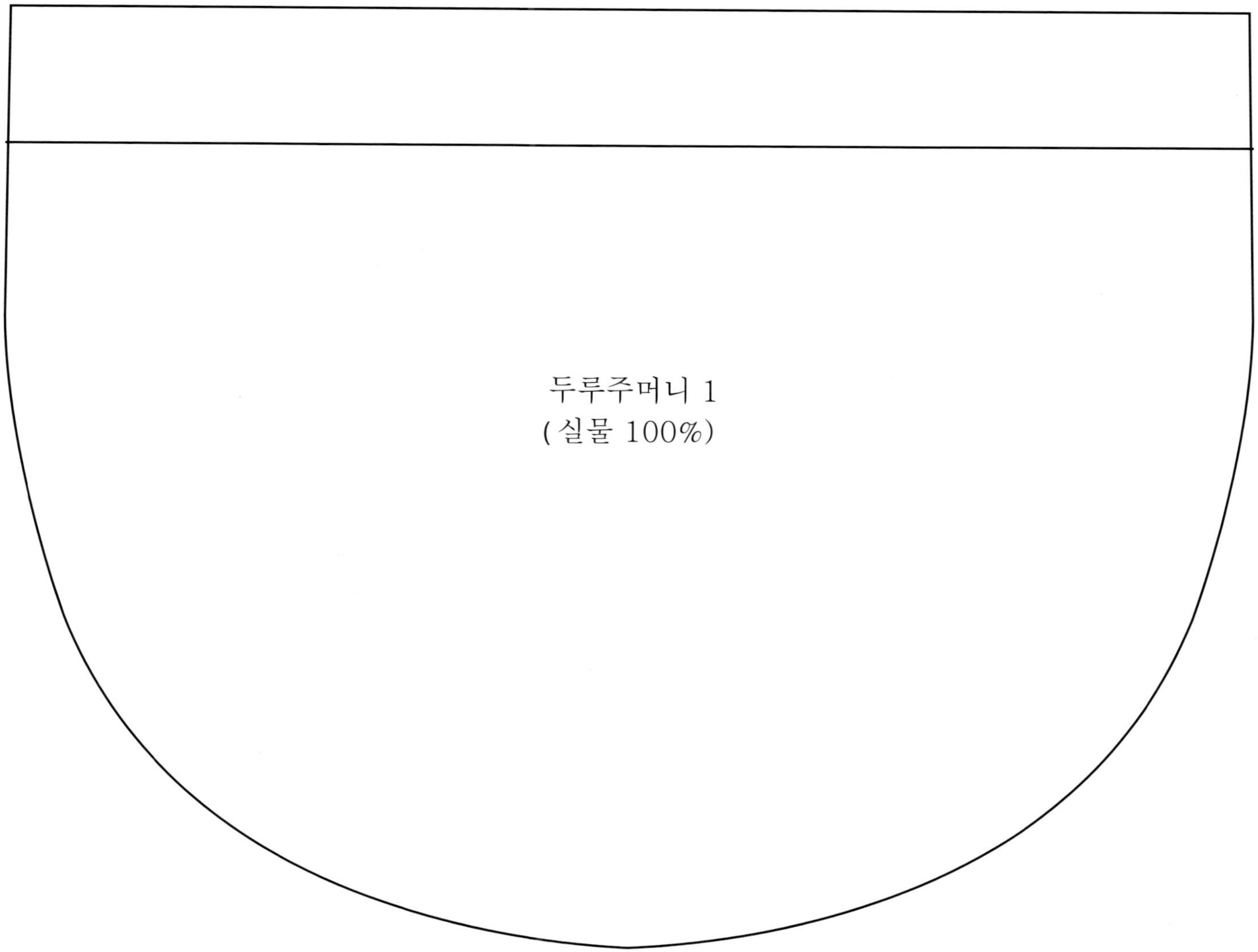
두루주머니 1
(실물 100%)

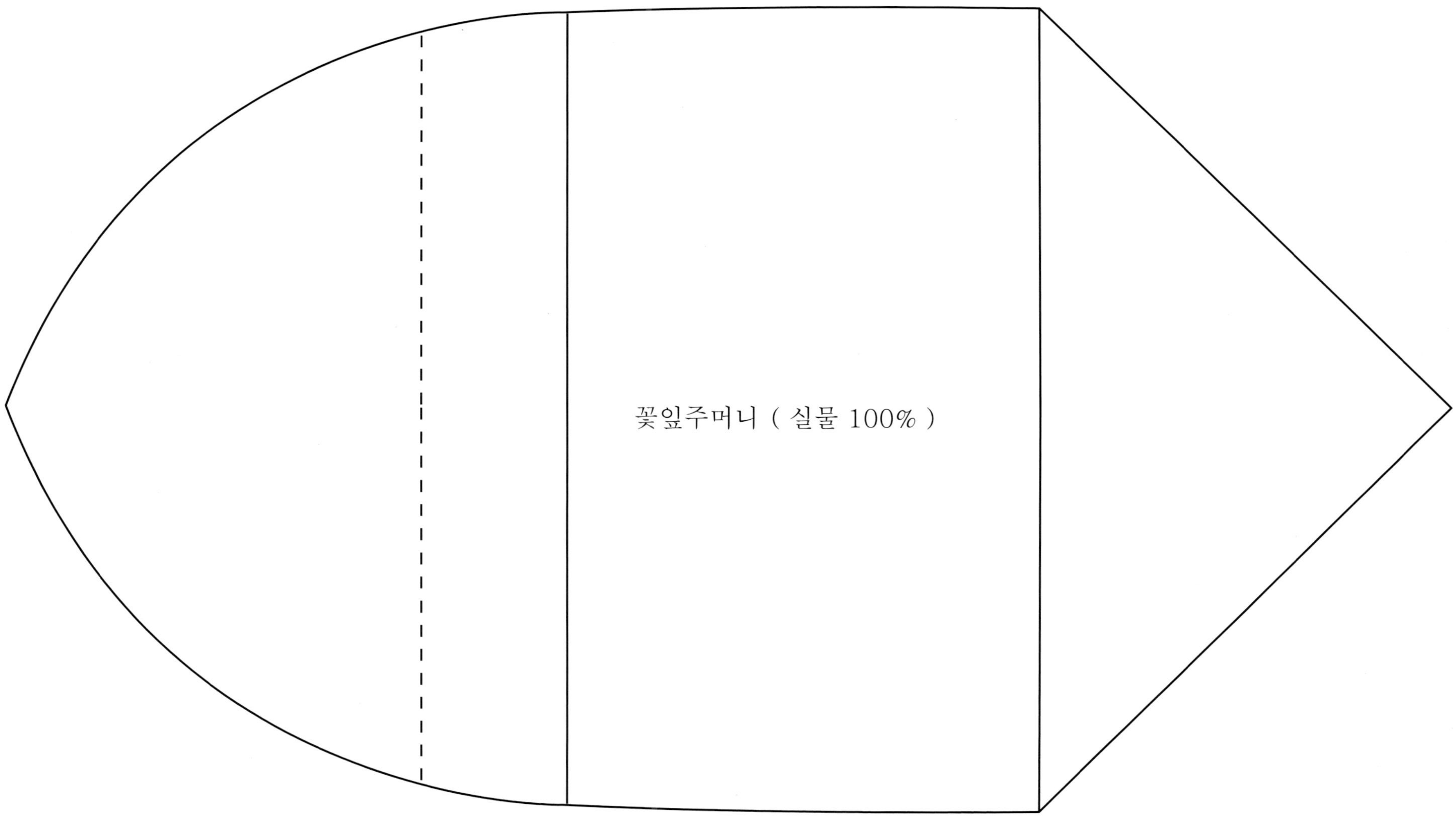
꽃잎주머니 (실물 100%)